応援消費
――社会を動かす力

水越康介
Kosuke Mizukoshi

Eurus
Notus
Zephyrus
Boreas

岩波新書
1934

はじめに――消費で応援するという不思議

あらゆる分野に広がる応援消費

二〇二〇年からのコロナ禍によって、私たちの社会は大きく変わりつつある。友人や家族と話すこと、遊ぶこと、一緒にいること、仲間と一緒に仕事をすること、世界を行き来すること。それまでこの社会で当たり前で基礎的であった活動の多くが当たり前のことではなくなった。孤立した人々を結ぶ技術も大幅に発達したが、孤立した世界では大きな対立も生まれてしまっている。私たちは、今もその変化のただなかにある。

経済や経営の分野でも多くの変化をみることができる。その一つとして、「応援消費」という言葉が市民権を得て日常的になってきた。二〇二〇年上半期には、恒例の日経MJヒット商品番付で東の大関にもなった。二〇二〇年一二月五日の朝日新聞では、応援消費をしたことがあるかどうかの調査結果が紹介されている。一五八一人のうち半数を超える五二%が応援消費をしたことがあり、さらに「いいえ」と答えた人のうち五三%は機会があればやりたいと答えたという。

応援消費の具体的な中身はさまざまである。例えば、東日本大震災の際には、義援として東北産のリンゴを購入する人たちがいた。観光で被災地に赴くことも応援消費になる。今では被災地だけではなく、コロナ禍で困っている店舗はもちろん、休業しているライブハウスやアーティストを支援する動きや、クラウドファンディングやふるさと納税を行うこともまた、応援消費とよばれる。好きなブランドの化粧品を「支援・応援のために」公式店舗や通販で買ったり、「推し」のアイドルを積極的に支えるために消費することもまた、応援消費になる。

二〇二〇年一二月一三日の日経ＭＪでは、「演劇から飲食店、化粧品——。応援消費はあらゆる分野に広がる」とある。応援消費という言葉自体は知らなくても、言われてみれば「この買い物には応援の意味を込めていた」と気づくこともあるだろう。

周りの学生に聞いてみても、応援消費という言葉の意味は多様である。「買うことで生産者や作り手を応援できるという考え方」「例えば、好きなアーティストのＣＤやグッズを大量購入したり、被災地の産物を積極的に購入したりすること」「あまり聞いたことはないが、オタクとよばれるような人たちの購買行動だと思っていた」「ＢＴＳを推していた。応援消費にあたる」「自分にも物質的・精神的利益が生じる行動である」「自分も得をしつつ社会に貢献できる、社会にちょっといいことができるという一石二鳥のような仕組み」「寄付よりも手軽で、やりやすいメリットがある」などなど。

こうして様々に使われるようになった応援消費という言葉ではあるが、とはいえ改めて考えてみると変わった言葉だ。そもそも私たちは何のために日々の消費行動を行っているのだろう。例えば、今日のお昼はイタリアンでも食べようと思うとき、私たちは何のためにその料理を食べるのだろうか。おいしそうだから？　人気店だから？　生きるため？　この問いは、実は非常に奥深いが、少なくとも誰かや何かを「応援するため」という選択肢は、すぐに出てくるようには思えない。

本書では、この応援消費という言葉に焦点を当てることによって、コロナ禍の中で変わりゆく社会と、その社会を動かす力を明らかにしていく。

応援と消費を結びつける論理

困っている人を支援することはもちろん、誰かを応援することは当然大事なことである。しかしながら同時に重要だと思われるのは、そのために消費をする必要があるかどうかは、必ずしも当たり前のことではないということである。消費しなくても応援や支援はできる。消費することがすべて応援や支援につながっているかはわからない。つまり、応援することと消費することは、何か別の論理によって結びつけられなくてはならない。

本書の見立てでは、応援することと消費することを結びつける論理や、あるいはその結びつきを当然のものとみなす考え方は、震災や新型コロナウイルス流行によって突然広まったというわけではない。新型コロナウイルス流行とは関係なく、もう少し長期的な歴史において、応援することと消費することを結びつけようとする論理が社会に浸透していたとみることができる。

すなわち、私たちが長らく生きてきたこの社会、資本主義を基礎として発展してきた消費社会がそれである。

この消費社会では、経済活動が社会の重要な基礎を成している。経済が大事であることを疑う人は少ないが、人類の歴史において、経済が常に重要だったというわけではない。家族や、政治や、学問の方が重要だった時代もあるだろう。だが、今ではこれらの問題もまた経済の問題として捉えることができる。家族をつくり維持するためには経済力が欠かせない。政治の最大の問題も景気である。学問も同様であり、研究費の獲得額が学力の指標となってしまった。

こうした何でも経済の問題として見なすことができるようにしていく力は、今日では新自由主義とも呼ばれる。新自由主義という言葉は資本主義や消費社会よりも広い文脈で様々に使われるが、一つには、経済の発展を目指しながらさまざまな対象に市場原理の導入を推し進めようとする考え方である。

こうした考え方が本書の興味の対象でもある。つまり、応援すること、支援すること、誰かを助けること、これらが消費という経済活動と結びつけられ、必然のつながりを有するようになっていくことに興味がある。それはおそらく、コロナ禍においていよいよ顕在化した新しい段階の消費社会を示している。

人によっては、応援消費はもっと純粋なものではないか、という方もいるだろう。応援消費に限らず、近年ではエコ消費やエシカル消費、あるいは推し消費も含め類似した消費行動にも注目が集まるようになっている。こうした新たな消費行動は、この社会をより良い方向に動かす力となるのかもしれない。被災地の困難を他人事とは思えないという気持ち、あるいは好きなアーティストのためになりたいというこの気持ちは、誰にとってもおそらくかけがえのないものである。それなのに、一方でこれら消費行動が経済や新自由主義に関わっているというと、何か大袈裟にすぎて不気味なもののように感じられるかもしれない。

この感覚は正しい。本書を通してみていくのは、この純粋さと経済の論理が対立し、時に協調していく歴史である。同時に、今の時代にあっては、経済と切り離された応援や支援は存在しにくくなっているのであり、経済との折り合いをどのようにつけていくのかの方が重要になっている。

応援消費は、こうした折り合いの付け方について、社会をより良い方向に動かしていく力となる可能性とともに、一歩間違えば、逆に社会に悪影響を与えてしまうような力も備えている。

例えば、学生がいう「一石二鳥のような仕組み」は、良いアイデアであると同時に、寄付やボランティアにも対価があることが当たり前だという機運と裏腹である。ここからさらに、自分が得をするために寄付や応援をするというのならば、応援消費は広まるとしても、本来的な意味とは何か違うものになってしまう気がする。その一方で、同じく学生がいう「社会にちょっといいことができ」「寄付よりも手軽で、やりやすい」のであれば、そのちょっといいことをたくさん集めることによって、何か大きな変化を生み出せるようになるかもしれない。さらに寄付との違いでいえば、消費行動は買い手と売り手という関係において対等であり、与える側と与えられる側には必ずしも分かれない。このことはおそらく良いことであろう。ただ一方で、この関係は経済との結びつきを前提にしているという点において、やはり何か違和感を覚える人がいるかもしれない。

こうした可能性を考えるためにも、応援消費が生まれてきた歴史を広く考えていくことにしたい。

目　次

第1章　応援消費の広まり

1 応援消費とは何か

多様な応援消費

応援消費は、苦境の人や企業を消費で支援する動きを意味する言葉として、二〇一一年の東日本大震災を契機にして広く使われるようになった。その後、二〇二〇年の新型コロナウイルス流行において、再び注目されるようになる。二〇二〇年の日経MJヒット商品番付では東の大関に選ばれるなど、今度は被災地である東北に限らず、日本全国において応援消費が叫ばれることになった。

変わったのはその対象地域だけではない。今では、消費を通じて応援する対象は何でも良い。「はじめに」で紹介した二〇二〇年一二月五日の朝日新聞の「応援消費したことがありますか?」と題したアンケート調査の冒頭では、応援消費は次のように説明されている。

「今年は新型コロナウイルスの流行で打撃を受けた生産者や店、アーティストらを消費で支援する動きが盛り上がりました。人や企業を応援するためにその商品やサービスを購入する、

(それが)応援消費。」

さらに、その消費の方法も多様化している。現地での購入はもちろん、ネット通販、ふるさと納税、クラウドファンディングなどのサービスが応援消費の際に使われている。さまざまな対象に対し、さまざまな方法で消費を実践すること。この消費が対象を支援し、応援するものであるのならば、総じて応援消費という言葉で呼ばれることになる。

本章では、日本経済新聞(朝刊・夕刊)、日経産業新聞、日経ＭＪ、日経地方面と、朝日新聞、毎日新聞、読売新聞、産経新聞の全国紙を対象として、応援消費がどのように語られてきたのかを確認する。新聞記事は、インターネット以前の過去にまで遡ってまとまったデータを確認することができる。また、新聞記事は自らが能動的に情報を選択し発信するメディアであるとともに、その情報は社会の状況を映し出す鏡としての側面も有している。

新聞記事で読み解く

「応援消費」をキーワードとして一九九〇年一月一日から検索した結果、初出となる二〇一一年から二〇二一年までに一九一件を確認した。広く認知されるようになった言葉であるように思われるが、記事の数そのものはそれほど多くない。例えば、同様に分析を行った「ふるさと納税」では、二〇〇七年に法制度の検討開始とともにキーワードとして現れ、一年だけでも一〇〇〇件近く出現している。

これら一九一件のうち、一一〇件(五七・六%)は東日本大震災に言及しながら応援消費を語っている。やはり応援消費という言葉の中心的な意味合いは、新聞紙面上では東日本大震災の被災地支援である。続いて二〇二〇年からのコロナ禍についての言及が六八件(三五・六%)であり、二〇二一年までの二年間で多くの言及がなされたことがわかる。

一方で、より一般的にアーティストを応援するといった場合や、ファンとして応援するといった場合の応援消費という言葉は意外と限られている。意味を広くとって読んでみても、全部で一四件(七・三%)程度である。この結果は、少し意外だったかもしれない。応援消費というと、推し消費のようなものを想像する人も多かったはずだ。ちなみに「推し消費」という言葉は、同じ条件の新聞紙面上には二件、「推し活」は三九件あった。これらは二〇一九年から登場し、そのほとんどがアイドルやアーティストの支援だったが、二〇二一年一二月二一日の朝日新聞では、東京都武蔵野市の地元の唐辛子を「推す」取り組みが熱を帯びているとある。少しずつ言葉が混ざり合いながらも、基本的には別の言葉が当てられてきたのかもしれない。

話を応援消費に戻すと、二〇一一年七月二六日の日本経済新聞夕刊では、「ＡＫＢ総選挙を超える応援消費の極意」という記事がみられる。ただこちらはＡＫＢへの応援消費ということではなく、それを超えるようなカップヌードルシリーズの人気投票が行われたことが紹介されており、比喩的な表現にとどまっている。

もう少し直接的には、二〇二〇年一二月一三日の日経ＭＪにおいて、劇団四季がクラウドファンディングで二億円超を集めたことが応援消費、さらには「ストーリー消費」だと紹介されている。その他は、被災地の製品のファンになるという表現や、震災を受けてスポーツ市場も応援消費の一環として盛り上がったとされている（「日経ＭＪ」二〇一六年一一月一八日）。

被災地や困っている人々を応援することと、アーティストを応援しファンになることには倫理性という点では違いがあるが、どちらも他者を助けたいという気持ちに動機づけられているという点では同じである。この他者の範囲には、アーティストはもちろん企業や、場合によっては国のようなものも含まれる。

二〇二〇年四月一日の日本経済新聞と二〇二一年二月九日の日経産業新聞では、アメリカによる経済制裁に苦しむファーウェイが中国市場で売れており、その背景には中国における「愛国」的な応援消費があると報じられている。消費を通じて他者を助けようと考える限り、その対象が様々に広がることは当たり前だといえるだろう。

表1　新聞紙面上に登場する「応援消費」の数の推移

	日経朝刊	日経夕刊	日経産業	日経MJ	日経地方面	朝日	毎日	読売	産経	合計
2010										
2011	13	5	2	18	4		3	1		46
2012	6	1	1	6	6	2		1	1	24
2013	1			7	2					10
2014	1			1	2					4
2015				8			1			9
2016	2		1	6	1					10
2017	1			1	1			1		4
2018								1		1
2019	1	1		3	1					6
2020	5	2	1	13	1	16	3	5		46
2021			4	15	1	2	5	4		31
合　計	30	9	9	78	19	20	12	13	1	191

時間軸に注目し、二〇一〇年からの各年の出現数の推移をみると、大きく二つ、または三つの山があることがわかる(表1)。一つ目は、二〇一一年における東日本大震災を契機にした応援消費であり、もう一つは、二〇二〇年からのコロナ禍における応援消費である。合わせて、小さな山として、二〇一六年には熊本地震に関連したと思われる応援消費の記事がみられた。震災を始め人々が困難に陥った際に応援消費という言葉が用いられるようになっていることがわかる。

逆に、二〇一〇年以前には、遡っても応援消費という言葉は全く用いられていなかった。震災といえば、一九九五年の阪神・淡路大震災では、応援消費という言葉は少なくとも新聞紙面上では用いられなかったことになる。応援消費という言葉は、どのように登場し、東日本大震災以降どのように用いられるようになったのか。そして、なぜ、阪神・淡路大震災の頃には用いられなかったのか。

以下では、二〇一一年以降の応援消費と、二〇二〇年からの応援消費を中心にしてその記事の内容を確認した上で、一九九五年の阪神・淡路大震災についても検討することにしたい。

2　応援消費元年――二〇一一年

震災前と震災後

先に応援消費は東日本大震災を契機に広まったと述べたが、新聞記事の初出は実は二〇一一年一月五日の日経ＭＪであり、震災より前である。

「二〇代はコスパ世代、消費は賢く見え張らず、やりくりも楽しみに」

こう題された記事では、「応援消費もコスパ世代の消費形態の一つ」であるとされる。都内の商業施設「2k540」で、二〇代の若手クリエーターの和雑貨を購入する会社員のコメントが掲載されている。

つまり、最初の応援消費の記事は、震災に関連した消費行動ではなく、好みの作り手を応援するという意味での消費行動である。アイドルやアーティストを応援したいという場合のように、もともと東日本大震災以前から、応援消費という言葉はそのような意味で用いられていたのかもしれない。

続く二つ目の記事は二〇一一年四月一日のものだ。ここからすべて東日本大震災に関わる内容となる。

この記事では、「売り上げは被災地に寄付、「応援消費」広がる」とされ、「収益の一部の寄付などで東日本大震災の被災者を応援する商品やサービスが増えている」という。東日本大震災が起きたのは三月一一日。それから一カ月も経ずに応援消費が注目されていたことがわかる。四月一一日の日経MJの記事では、「義援だと思って」リンゴを一箱購入したというエピソードが語られ、四月二三日には読売新聞の社説として、「復興願って「東北産」を買おう」と主張されている。

被災地の現場においても、四月二七日の日本経済新聞夕刊では「業界は「応援消費」の盛り上がりに期待している」とされ、値下げされたホテル宿泊プランが紹介されている。震災後すぐに、応援する側となった買い手とともに、現地のサービス提供者もまた、応援消費に注目し始めていたことが窺える。

新しい意味を帯びる消費行動

その後も、東日本旅客鉄道会長の大塚陸毅によれば、「応援消費」の考えには観光による地域・被災地への貢献も含まれており、観光が復興の力となるという(「日本経済新聞」二〇一一年九月二六日)。観光のためには現地に行き、現地で消費することになるからであろう。あるいは、現地に行けずとも、東北地方の食品が選べるカタログ式のお歳暮もまた、「応援消費にもなるし、もらった方にとっても便利」であると評価されている(「日本経済新聞」一一月二三日朝刊)。

四月二九日の日経MJには、「『応援消費』の機運が盛り上がる中で、過去の呪縛をすててピンチをチャンスに変える強かな商魂が芽生えている」とある。具体的には、日本酒メーカー一ノ蔵がファンを増やすために、インターネット通販を通じて消費者との接点を増やそうとした。「萩の月」を販売する菓匠三全もまた、地元・仙台を飛び出して販売を展開する決心をしたという。

この段階において、「義援・義捐」的な意味での応援消費が生じているというだけではなく、その機運を捉えた新しい需要創造の方策が見出されていることになる。すなわち、「マーケティング戦略を根底から見直す挑戦が始まろうとしている」わけである。同時に、ファンを増やすという表現からは、今日的な多様な意味としての応援消費を読み取ることもできる。

「震災後の応援消費のムードは従来より積極的に市場開拓に乗り出すよう、事業者を誘っている」という、四月二九日の日経MJの別の記事も示唆的である。地元の事業者だけではなく、例えばイオンやイトーヨーカ堂といった大手チェーンストアにとっても、応援消費は販売促進の契機となる(「日経MJ」五月二〇日)。各店の酒類売り場面積は、東北産の酒類を積極的に販売しようと二、三割広げられているという。七月二〇日の日経MJでは、スリーエフ社長の中居勝利が、「応援消費の喚起に取り組んでいる」と述べている。岩田屋本店(「日本経済新聞」六月二三日、地方経済面九州)、丸紅(「毎日新聞」七月二一日)、三越伊勢丹(「日経MJ」七月二五日)なども同様の試みを始めている。

震災は、事業者にとって新しいビジネスチャンスともなった。そもそも、震災後、「買いだめや応援消費、そして節電需要も加わり売り場は活況となった」のであり、震災後の半年は有事の消費となっていた(「日経産業新聞」九月二二日)。

「僕らにできること」

こうした応援消費の芽は、当時のソーシャルメディアの発展に支えられている（『日本経済新聞』二〇一一年五月八日朝刊）。電話に代わる安否確認手段として注目されたツイッターはいうまでもなく、クラウドファンディングやシェアによるつながり消費が重要になっているとされ、ソーシャルメディアの役割が強調された。

純粋に寄付文化が根付き始めているともされた（『日本経済新聞』五月一〇日夕刊）。食材の宅配を行う「らでぃっしゅぼーや」には「被災地の野菜を積極的に買いたい」という問い合わせが集まったという。さらに個人がインターネットを使って寄付や支援の呼びかけを行う動きもあり、これらが寄付文化と結びつけられている。六月三〇日の日本経済新聞朝刊でも、「応援消費」を機に寄付文化の定着を求めると述べられている。

応援消費に関連付けられたソーシャルメディアや寄付文化の記述は、それ自体に意味がある。ソーシャルメディア、寄付、応援消費の結びつきは、必ずしも必然的ではないからである。ソーシャルメディアがなくても、寄付や応援消費は可能であろう。そもそも、寄付と応援消費は対立的にもなりうる。例えば、消費するよりも寄付した方が良い。ボランティアに行った方が良い。そういった議論があってもおかしくはない。

「僕らにできることは大いに飲んで食べる応援消費だ」(「日本経済新聞」五月一〇日朝刊)というインタビュー記事は、とても印象的である。飲んで食べることが応援であることは、確かに今の私たちにとって違和感はないが、被災地を助けるのであれば、やはり寄付やボランティア、さらには国に支援を要請することもできるだろう。しかし、「僕らにできること」は、ただ消費行動なのである。

同様に、「消費で社会貢献したい」という記事が六月八日の日本経済新聞朝刊に掲載されている。消費で社会貢献するとはどういう意味だろうか。

その前の五月二七日の毎日新聞では、政治学者の宮本太郎の説明として、応援消費は消費行動を通して社会的責任を果たそうとする発想であり、「社会的責任消費」と呼ばれる考え方に近いともされている。これらは女性を中心に、利他的な消費への志向が高まっているからだともいう(「日本経済新聞」六月二二日朝刊)。

その後も応援消費への言及は続くが、一〇月三一日の日経MJによれば、震災直後に喧伝されたものの、最近は「まだらな応援」が垣間みえるという。同様に一二月一〇日の日本経済新聞夕刊では、応援消費の機運もやや落ち着いてきたとされ、継続的な支援の重要性が訴えられている。

3　沈静化――二〇一二年以降

分岐点

二〇一一年三月一一日の東日本大震災を契機に広まった応援消費は、年を跨がずして沈静化していったことになる。その後の記事は減少を続け、熊本地震が起こる前の二〇一四年には四件、その後二〇一八年にはたったの一件である。応援消費は持続せず、また、寄付文化は根付かなかったということになるのだろうか。

二〇一二年三月七日の日経MJでは、震災一年特集として三〇〇〇人に対する調査の結果が紹介されている。「震災直後は盛り上がった「応援消費」も厳しい」とされ、被災地産食品の購入が控えられている可能性が指摘されている。四月三日の産経新聞でも「応援消費」への支出が全体的に低下しているという。

その一方で、三月九日の日本経済新聞朝刊では、「震災一年、応援消費、シニアに定着」と見出しが打たれている。日本経済新聞社が実施した消費者調査では、今後も被災地産品などを積極的に買うという回答が五割を超えたという。

これらの記述のニュアンスの違いは、当時、応援消費が定着しているようにも減っているようにもみえるちょうど分岐点にあったことを示唆している。

この三月九日の記事では、その後寄付付き(商品)が好調であるとされ、電通総研の四元正弘の発言が紹介されている。ビジネスの現場では、ひきつづき応援消費が求められていたであろうこともうかがえる。三月三〇日の日本経済新聞朝刊では、「応援消費」や「絆消費」は続く見通しとされ、博報堂生活総合研究所の嶋本達嗣の発言が紹介されている。なお絆消費は応援消費と近いニュアンスで用いられ、応援消費と同様の期間では六九件出現している。新聞記事は社会を映し出す一つのメディアではあるが、同時に、ビジネス側を含め新たな社会を作り出そうとする意図を反映しているメディアでもあることがわかる。

それからもう一つ興味深い事例として、この時期にTOKIOによる福島県産農作物のPRが始まっている。記事では、放射能汚染への懸念や、買って支援という気持ちの風化傾向が語られている(「読売新聞」二〇一二年一〇月二日)。いわゆるアイドルグループによる応援だが、TOKIOはその後も福島との関係を強め、やがて逆に福島の人々から応援されるような存在となっていった。応援消費の多面的な性格をこの頃に見出すこともできる。

特需の陰り

二〇一二年三月一〇日の日本経済新聞夕刊では、福島県の農業生産法人が紹介されている。彼らによれば、「当初は応援消費が多かったが、今は味の良さで買う常連が多い」とされ、状況が変化しつつあることを窺わせる。岩手産の地ビールについても「味もおいしくまた(飲みに)来たい」と味が評価されている。応援のための消費行動ではなく、徐々に通常の消費行動への接続や移行がみられている。これらは「地道な取り組み」であると評されていた(「朝日新聞」一二月一日)。

九月九日の日本経済新聞朝刊では、「復興、足踏みの連続」として、応援特需にも陰りがみられる。仙台市内のホテルにも一時の勢いはないという。震災直後から大手流通などが後押ししてきた水産物などの応援消費もしぼみ始めている。

一一月一六日の日経ＭＪには「復興応援消費つなぎ留めろ」とある。応援消費は盛り上がりを欠くが、潜在的な消費者の支援意識を呼び起こし、売り上げにつなげているケースもみられるという。支援意識は必ずしも自発的なものではなく、呼び起こされるものであり、マーケティングがはたらきかける重要な対象となっている。「商品を置くだけで買ってもらえる時期は過ぎた」「通常の商品と同じだけの工夫と手間をかけないと、消費者の応援消費は引き出しにくなっている」。

二〇一三年以降となると、三月一一日前後に震災の話題が繰り返され、これに合わせて応援消費への言及がみられる。大きな傾向はこれまでと変わらず、応援消費は今も行われているが大きな機運というわけではなくなっていることが述べられている(「日本経済新聞」二〇一三年三月九日朝刊、二〇一四年三月七日朝刊、「日経MJ」二〇一三年三月一一日、二〇一五年三月一一日)。

例えば、二〇一四年三月七日の日本経済新聞朝刊によれば、今では回復の形は二極化している。応援消費の高まりなど復興需要で売り上げが回復したと調査で回答したのは建設業と物流業だけであり、他の業種は積極的な新事業への挑戦が回復の原動力になっているという。

二〇一六年三月一一日の日経MJでは、気仙沼でサメ肉を提供しようとする企業が紹介されている。記事によると、「気仙沼はサメ肉の価値を高める努力を怠っていた」という。応援消費も落ち着き、「いつまでも被災者ではいられない。自力で立ち直る」と企業は自らに言い聞かせている。同様に「自助努力が大切だ」という漁業関係者の声も紹介されている(「日本経済新聞」二〇一六年五月一〇日、地方経済面東北)。

二〇一七年三月一一日の日本経済新聞朝刊でも、応援消費は縮小しており、「被災地の経営者は追い風がやんだ後の自助努力が一段と重要になっている」と述べられている。さらに二〇一九年には次のような記述もある。「このサヴァ缶がヒットしたのは復興の応援消費ではない。商品価値が評価されたからだ(「日経MJ」二〇一九年三月一一日)」。

熊本地震と多様化

二〇一六年四月一四日に熊本地震が発生した。その後の二〇一六年五月九日の日経MJでは、それを受けて被災者応援の動きがあることを報じている。オイシックスによる特設サイトが紹介され、サイト内で熊本を検索する数が増え、熊本への応援メッセージが集まった。続く五月三〇日の日経MJでは、熊本の馬刺し販売サイトが紹介されている。常連のお客から応援注文が数多くきたとされ、落ち込んでいる従業員にも大きな励みになったという。

二〇一七年六月九日の日本経済新聞地方経済面東北は、東北の若手農家の人材育成を取り上げ、熊本地震なども起きたことにより東北の農産物を優先的に買う機運が乏しくなっていると評している。

なお記事の上では、熊本地震に直接言及された応援消費はこの三件だけである。二〇一六年において応援消費の記事がやや増えていたのは、熊本地震が主因というわけではないかもしれない。

二〇一六年六月二九日の日経産業新聞では、クラウドファンディングが取り上げられている。当初は東日本大震災の被災地支援など社会貢献で使われることが多かったとされ、これも応援消費という要素が強いという。応援消費とクラウドファンディングとの結びつきを取り上げたのは、この記事が最初となる。

九月二日には日経MJにてパルコが取り上げられ、デザイナー常駐を応援消費にもつなげるとされる。そのデザイナーを応援したいというファンが店舗を訪れ、アパレルを購入してくれることが期待されている。東日本大震災とのかかわりや倫理性は特に感じられず、より一般的な応援や消費行動へのつながりがみられる。

エシカルな消費

「「倫理的」という言葉が「難しい」というイメージを与えかねない」として、「応援消費」「社会貢献型消費」など、言い換えの提案も出た」

二〇一七年四月一五日の読売新聞では、消費者庁の「倫理的消費」調査研究会の議論が取り上げられている。この記事では、倫理を意味するエシカル消費は欧米では三〇年近い歴史があり、関心も高いとされる一方で、日本では認知度が六％にとどまっているという。二〇一八年三月八日の読売新聞では、ひきつづきエシカル消費が取り上げられ、応援消費もその一環であるとされる。これらの記事からは、日本に限らず世界的にみて、消費行動と社会や倫理が結びつけられていく大きな流れをみてとることができる。

二〇二〇年三月一一日の日経ＭＪでは、改めて「東日本大震災をきっかけに広がった応援消費」とある。記事は、ヤフーによる全国のエシカル商品を応援する通販サイト「エールマーケット」にて東北の被災四県の商品が売れていることを報じる。

その上で、「阪神大震災が起きた一九九五年が「ボランティア元年」ならば、二〇一一年は「応援消費元年」だ」とするＮＰＯ論者の渡辺龍也の言葉が紹介されている。「東北は農作物の主産地。買って支援する行動とつながりやすかった」「本来、（応援は）利他的なものだが、自分の手元にも何かが残るウィンウィンの関係がある」という。博報堂生活総合研究所の三矢正浩は応援消費が量的にも質的にも変化していると述べ、無名のアイドルやアーティストを含め特定の顔がみえる人たちを応援したいという気持ちが強まっているとまとめられている。

4　再注目――二〇二〇年

コロナ禍と応援消費

応援消費が総括されたようにみえる先の記事の直後、三月一三日の朝日新聞に新型コロナウイルス流行と応援消費を結びつけた記事が初めて登場する。宮崎県の意見交換会において、河野俊嗣知事が地域経済を支えていくために地産地消での応援消費を呼びかけていきたいと述べたという。新型コロナウイルス流行の一定の収束がみえてくれば、経済復興のために、商品券や旅行クーポン券などが考えられるという。

三月二四日の東京新聞では、応援消費の由来が語られ、コロナ禍では「応援消費は困っている人を助けるだけではなく、普段の自分を取り戻す効果もあるのではないか」という発言が紹介されている。

京都ではホテルの苦境が伝えられ、未来の宿泊券やクラウドファンディングによる運転資金の募集が応援消費にもなっている（「毎日新聞」二〇二〇年五月一日）。二〇二〇年五月一八日の読売新聞は、岡山ではデニム加工会社がマスクを売り出し始めたとされ、飲食業で先払いの応援消費も出てきたことにふれ、いろんなアイデアを出し合いたいとまとめている。九月一二日の毎日新聞では、応援購入サイトを手掛けるマクアケが名古屋市に拠点を設けたという。

六月八日の日本経済新聞夕刊では、ふるさと納税サイトさとふるが「新型コロナウイルス関連ふるさと納税応援・支援サイト」を開設したことが紹介されている。少ない負担で影響を受けた事業者を応援できる。

ふるさと納税と応援消費を結びつけた記事は、二〇一一年からすでに時折みられ全体では四件あった。コロナ禍では、農林水産省の補助金を用いることで一時的に返礼品が増量できる試みも実施されていた（「朝日新聞」二〇二〇年一一月一六日）。

二〇二〇年八月二八日の日本経済新聞朝刊では電子商取引で生産者と消費者を直接結ぶサービスが人気になっているとされ、食べチョクやポケットマルシェが取り上げられている。「応援消費で便利さに気づいた人も多い」「消費者には生産者を支援したい思いがある」ともされる（「日本経済新聞」九月五日夕刊）。「中小零細店のＥＣサイトがコロナ禍で定着した応援消費の受け皿のひとつになっている」と、ＥＣサイト支援を行うヘイ社長の佐藤裕介は述べている（「日経ＭＪ」一二月一八日）。

応援の場は地域からネットまで

二〇二〇年の応援消費に言及した四六件の記事のうち、一七件は宮崎県の内容である。

朝日新聞で報じられた四つの事例を紹介しよう。四月一日には、宮崎県は消費の落ち込んだ県産食品を買い支えて生産者を応援する「応援消費」の特設サイトを開設したとある。四月一一日には、余ってしまった給食用牛乳を使った「応援消費パン」が宮崎で始まった。四月二一日は、河野知事の談話を取り上げ、「徹底した感染予防対策と地産地消による応援消費などに粘り強く取り組んで、口蹄疫の時と同様、県民の総力を結集して乗り越えていきましょう」と呼び掛けたと報じた。そして、マンゴーの応援消費も期待されているという(「朝日新聞」二〇二〇年五月一八日)。かつての口蹄疫の経験が生かされているのだろう。

四月八日の日経MJでは、応援の場はリアルの世界からネット上に移動したとされ、エンタメ業界におけるファンの応援消費が紹介されている。六月一〇日の日本経済新聞朝刊や日経MJでは、日経MJヒット商品番付の横綱として「あつまれ どうぶつの森」が挙げられるとともに、東の大関として「応援消費」が取り上げられ、休業するライブハウスやアーティスト、宿泊施設をクラウドファンディングで支援する動きが広まったことが注目されている。安心できる行きつけの店がなくなってほしくないという気持ちが「応援消費」を盛り上げたともされる(「日経MJ」六月一〇日)。一二月六日の日経産業新聞では、今度は楽天市場ヒット番付二〇二〇が紹介され、東の横綱が応援消費となった。

地域の食べ物やホテルだけではなく、ブランドについても応援を目的とした新しい消費行動が広がっていた(「日経MJ」九月二八日)。化粧品においてもその傾向がみられたという。@コスメを運営するアイスタイルによる調査として、一六五五人のユーザーに対する調査において、「定価であっても支援・応援のために公式店舗や通販で化粧品を購入することがある」人々が五一%いた。

お金を使う意味

二〇二〇年六月三日の日経MJでは、人類学者の村松圭一郎の話が紹介され、応援消費について「消費と贈与が混ざり合っているということでしょう」と述べられている。贈与は寄付と結びつき、贈与の対を交換と考えれば、消費は交換と結びつく。贈与と交換の関係への注目は、応援消費はもとよりボランティアなどを捉える上でも重要な意味を持つ。

一二月一三日の日経MJでは応援消費は一過性ではないとされ、劇団四季がクラウドファンディングを通じて二億円超を集めたことが紹介されている。

二〇二一年に入ると、応援消費への言及は三一件と少し減少しているものの、内容自体は二〇二〇年と変わらない。コロナ禍において応援消費が広まっていること、エシカルやデジタルとの関わりとして、クラウドファンディングが取り上げられている。

二〇二一年三月一二日の日経MJでは、「困っている人や店などを支えるためにお金を使う応援消費がコロナ禍で一段と広がってきた」とある。「お金を使う意味を求めていた消費者が「応援」という言葉に後押しされている」からだという。

私たちは、お金を使う新しい意味を見つけつつあるようだ。

5　応援消費以前——一九九五年

阪神・淡路大震災

ここで少し時を遡ろう。

二〇二〇年三月一一日の日経MJの記事では、阪神・淡路大震災が起きた一九九五年が「ボランティア元年」ならば、二〇一一年は「応援消費元年」だったとされていた。これまでみてきたように、確かに二〇一一年は応援消費の始まりだった。同様に、阪神・淡路大震災を契機に災害ボランティアが広く認知され、後にボランティア元年と呼ばれるようになったこともよく知られている。考えてみれば、二〇一一年の東日本大震災においても、ボランティアは改めて注目を集めていた。

では、なぜ、一九九五年の阪神・淡路大震災の際には応援消費という言葉は用いられなかったのだろうか。

同様の現象は生じており、もっと別の言葉が用いられていたり、そもそも特別な言葉はなかったというだけかもしれない。

例えば、一九九五年四月一六日の毎日新聞には、震災の被害を受けた三宮のそごう神戸店が営業を再開し、「がんばれ神戸っ子　生活応援セール」を展開したとある。また、一九九五年六月三日の読売新聞では、震災後に相次いだ復興セールが終わりつつあり、兵庫県の物価指数が上がり始め通常の価格に戻りつつあることが紹介されている。

すなわち、応援セールや復興セールは行われていたことがわかる。これらを購入すれば応援消費と呼べるのかもしれない。

だがその一方で、一九九五年二月二四日の毎日新聞では、「復興セール」と銘打ち特売をする店にはこれまで入りにくかったという記者が、同僚と神戸に取材に出かけた際のエピソードが記されている。

「「携帯ラジオを持って来ようと思ったけれど、現地調達した」と最近取材に加わった同僚記者。「どうせ買うなら、神戸に金を落とした方がいい」と聞いて、目からウロコが落ちた。そ、ん、な、考、え、も、あ、る、の、だ」（傍点著者）

「そんな考えもあるのだ」という一文は、応援消費の文脈からは重要な意味を持っている。こうした応援消費に似た行動は当時もあったが、同時に、そこには新しさがあったということを示唆しているからである。

記事では、「国産品愛国運動というとナショナリズムっぽい響きがあるが、復興を後押しする意味での「神戸で買おう」のような動きがあってもいい」とまとめられている。実際のところ、こうした応援消費に近い消費行動は国産品愛国運動も含むバイコット（ボイコットの反対で買って支援すること）と似ており、これらが世界的に注目され研究されるようになるのも一九九〇年代に入ってからである。

ようするに、一九九五年の時点では、消費することで応援や支援ができるという考え方そのものが新しいものだったと考えられる。

ちなみに東日本大震災では、「ボランティアのように現地に直接足を運ばなくても、普段の生活の中でできる支援策がある。被災した地域の産品を買うことだ」(「読売新聞」二〇一一年四月二三日)と積極的に提案され、「東北のものなら何でも買いたい」という声が百貨店に届くようになった」(「日経MJ」四月二九日)ことや、七月二〇日の日経MJでもひきつづき「震災以降、「買う」ことで被災地を支援したいという消費者が増えている」と指摘されている。この間にやはり人々の意識の変化があったことがわかる。

情報技術の普及

日経MJによる二〇二〇年の上半期ヒット商品番付の東の大関は応援消費であった。遡って、東日本大震災のあった二〇一一年のヒット商品番付でも、西の横綱に節電商品、そして東の前頭に「東北応援」(鉤括弧付き)が挙げられている。特に後者は今日的な応援消費を含んでいるだろう。

これに対して、阪神・淡路大震災のあった一九九五年は、天災、人災が相次いだ閉塞感を突き破るようなものとして、東の横綱にはWindows95、西の横綱にはNOMO(野茂英雄)が挙げられている。西の前頭として防災関連商品もあるが、乾電池やラジオなど見過ごされていた商品の重要性が改めて見直されたとされ、応援や支援の意味合いはみられない。ヒット商品に関連付けられる形で、「がんばろう神戸」といったスローガンへの言及がみられた程度である（「日経流通新聞」一九九五年一二月二三日）。

一九九五年のヒット商品番付が別の意味で印象的なのは、その後に大きな役割を担うようになったインターネットや情報技術関連のサービスである。先のWindows95はもとより、続く大関は携帯電話とマルチメディアパソコン、前頭にはＰＨＳもあがっている。

阪神・淡路大震災以降、いよいよこうした情報技術が発達していくことによって、人々が震災地と直接つながる術を有し始めたということもまた、重要な意味を持つのだろう。これらの普及は確かに応援消費を後押ししている。

6　なぜ消費で応援するのか

応援消費を支えた情報技術

以上、本章では応援消費という言葉の普及に注目し、新聞記事を中心にみてきた。

すでに確認したように、東日本大震災をきっかけにして使われるようになった応援消費という言葉は、二〇二〇年からのコロナ禍においてより広く一般化した。ネット販売、クラウドフアンディング、ソーシャルメディアといった情報技術との結びつきがさまざまに言及されており、こうした情報技術の進歩が応援消費をそれこそ支援し、応援していたことが推察される。

応援消費という言葉が、広く認知されるようになってきた言葉であるようにみえながらも新聞記事の掲載回数としてそこまで多くなかった理由も、主戦場がネットだったからといえるかもしれない。この点は、推し活・推し消費にもあてはまるだろう。

こうした情報技術の進歩は、一九九五年の阪神・淡路大震災の後から急速に進み始めた。二〇一一年五月八日の日本経済新聞では、歴史学者の佐藤卓己の解説として、一九九五年は日本におけるインターネット元年と呼ばれ、その後の二〇一一年までにメディアの激変があったとされている。

それゆえに、阪神・淡路大震災は、ボランティア元年ではあったものの応援消費元年とはならなかったともいえる。当時は、直接神戸産や淡路産を買って支援することはまだできず、現地にボランティアに向かう必要があったのである。

寄付と応援消費、贈与と交換

だが、二〇一一年以降には応援消費があり、一九九五年には応援消費がなかったことについて、まだ疑問は残されている。なぜ、消費であり、寄付ではないのか。

ここで考えているのは、個々の店舗に対して寄付をするという行為はそもそも常識的ではなく、店舗に対しては応援しようとすれば消費するしかなかったといったことではない。より広く、大きな社会現象として応援の寄付を募ろうといった動きではなく、より直接的に、あるいはより個別に、消費をしようという機運が立ち上がった理由である。個別に消費した方が手軽だったからということであれば、むしろ人々がそう思い、実際にそのような仕組みが作られていった理由に興味がある。

そもそも、いずれの時期にあっても寄付は行われており、多くの義援金が集められている。二〇一二年二月一三日の日本経済新聞では、東日本大震災で被災した自治体や募金団体に寄せられた義援金や寄付金が少なくとも四四〇〇億円に上るとされ、阪神・淡路大震災の最終的な義援金約一七九三億円を上回ったとされる。しかも、国民の四人に三人が寄付したともされている。

そうした寄付がありながらも、同時に消費による応援も立ち上がった。先に紹介した「僕らにできることは大いに飲んで食べる応援消費だ」というインタビュー記事は、やはり不思議であるといわざるをえない。なぜ、寄付ではなく(応援)消費なのかと。

実際のところ、その答えも、これまでみてきた新聞記事の中で部分的には用意されている。「応援消費の場合には自分の手元にも何かが残るウィンウィンの関係があること」（「日経MJ」二〇二〇年三月一一日）、これである。

逆にいえば、寄付は手元には何も残らない。私たちは、一九九五年から二〇一一年、あるいは二〇二〇年までの間に、手元にも何かが残るウィンウィンを求めるようになったのではないか。それは、情報技術の進歩とはまた別に、応援消費を支援する力、応援する力であったと思われるとともに、日本に限らず世界的な流れであったようにも思われる。

寄付と応援（消費）。これらを贈与と交換として捉え、その意味や関係を考えていくことが、私たちの応援消費をめぐるこれからの主題となる。

第2章

寄付とボランティア

1　寄付文化のない日本

伝統的に、日本には寄付文化がないといわれてきた。確かに、西洋に比べるとドネーションやチャリティといった機会が少ないという感覚はある。例えばイギリスなどはチャリティの国として知られており、その背景にはキリスト教の影響があるとされる。

二〇一七年に日本ファンドレイジング協会がまとめた『寄付白書』には、国ごとの寄付額についての記載がみられる。それによると、二〇一六年の直近一カ月間にチャリティ団体に寄付をした人の割合は、日本が二三%であるのに対し、アメリカが六三%、イギリスが六九%、韓国が三五%であった。さらに、一人当たりの寄付の金額も、日本は年間二万七〇一三円であるとされ、韓国の八万五〇〇〇ウォン(九〇九五円)よりは多いものの、アメリカの一一一五ドル(一二万五六六四円)、イギリスの四八〇ポンド(七万四四〇〇円)と比べると少ない。この分析では、結論として、日本は寄付する人が少ないだけでなく、寄付の金額も少なく、結果的に寄付総額が低くなっていると指摘されている。

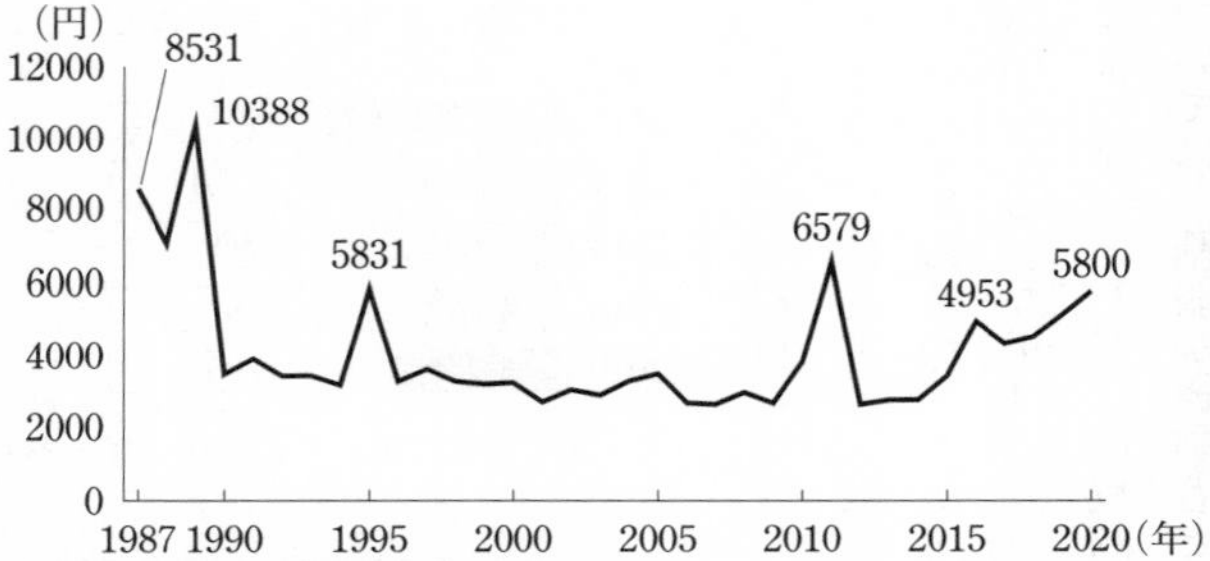

注：1999年以前は農林漁家世帯を除く結果
資料：家計調査年報をもとに著者作成

図1　2人以上の世帯の寄付金支出額

総務省統計局による家計調査では、世帯ごとの寄付金の長期的な推移をみることができる(図1)。この資料によれば、一九八七年の調査開始時期を除けば、長らく寄付金支出額は三〇〇〇円前後で推移してきたことがわかる。一九九五年の阪神・淡路大震災、二〇一一年の東日本大震災には寄付額がそれぞれ五八三四円、六五七九円と増加しており、さらに近年に入りやや増加傾向となっている。この寄付金は、世帯以外の団体などへの寄付金、祝儀などの移転的支出、共同募金やバザー現金寄付からなっている。寺・神社への寄付や学校への寄付は含まれていない。

家計調査とは別に、内閣府で行われている「市民の社会貢献に関する実態調査」の資料もある。この資料は、東日本大震災以降のボランティアや寄付の実態について調べたアンケート結果であり、それぞれの実施状況がまとめられている(図2)。

一見すると寄付やボランティアが減少傾向のようにみえてしまうが、質問の仕方が変わっていることに注意する必要がある。すなわち、二〇一三年は、これまでに寄付やボランティアをしたことがあるかどうかを聞いているのに対し、二〇一四年と二〇一五年は過去三年、二〇一六年と二〇一九年は過去一年間の行動を聞いている。それゆえに、寄付にせよボランティアにせよ、割合としては比較的安定的に推移している。寄付については四割程度、ボランティアについては二割弱が経験者ということになっている。

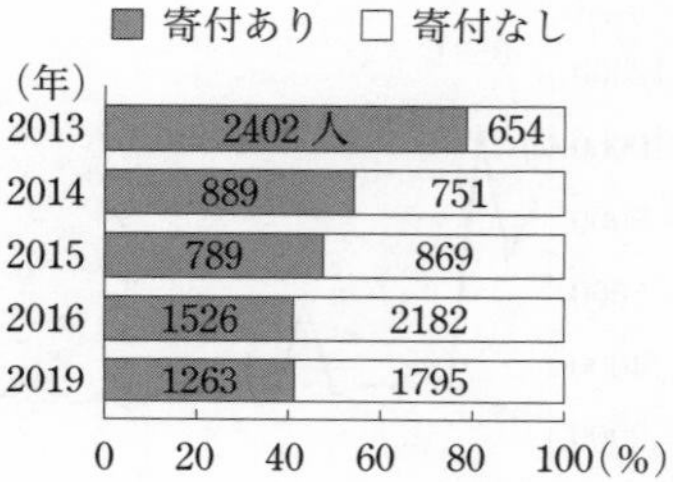

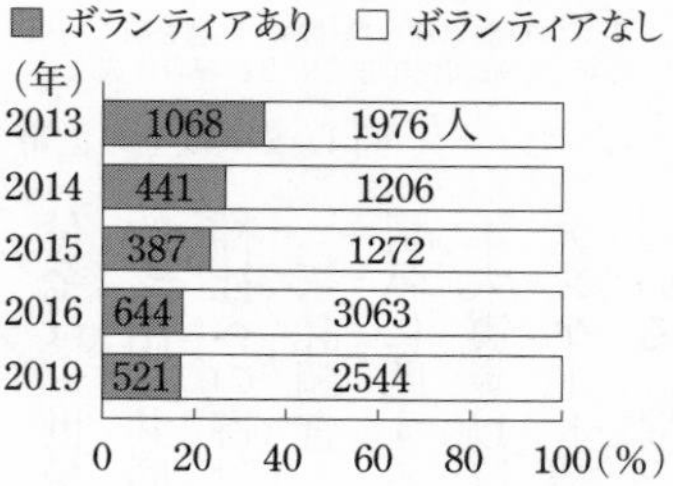

年	寄付平均額(円)	0を除く寄付平均額(円)
2014	14385.9	17911.8
2015	7056.0	22082.4
2016	9064.0	29839.9
2019	14700.2	39569.2

資料:「市民の社会貢献に関する実態調査」をもとに著者作成

図2 寄付とボランティアの経験割合と寄付の平均額

世帯ごとの年間寄付金額も、同様の条件で掲載されている。幅はあるが、全体では一万円前後、寄付しない人々を除いた場合には二万円から三万円程度となっている。この寄付にはさまざまなものが含まれており、現物寄付や寄付付き商品の購入、さらにはふるさと納税も含まれる。

寄付した相手についても記載がある。最も多いのは、いずれの調査においても赤い羽根共同募金であった。続いて日本赤十字社、町内会・自治会、非営利法人や学校法人などが続いている。

ファンドレイジング協会と内閣府の資料は、寄付の平均額について類似した傾向を示している。一方で家計調査年報の寄付金は用途が限定されており、比較的小さな数字となっている。寄付と呼びうるものを広く含めた場合には、全体で一万〜三万円程度を年間行っているということになり、対象を絞り込んだ場合には数千円程度ということになる。

長期的な推移については家計調査年報がわかりやすく、震災時などには寄付は増える一方で、基本的には一九九〇年代以降あまり変化はみられず、ただし近年になり徐々に増えている可能性が垣間みられる。内閣府の資料も参考にすれば、寄付と呼びうるものを広く含めた場合もほぼ同様であろう。

2 本当に「寄付文化」はなかったのか

他国と比べると、やはり寄付する人の人数や金額は少なく、その傾向は少なくとも一九九〇年代以降続いているのかもしれない。冒頭で用いた「日本には寄付文化がない」という表現も、実態として間違っていないことになる。

それではこうした寄付文化がないということは、日本でどのように理解されてきたのか。改めて新聞記事を検索し直すと(表2)、「寄付の文化」という言葉は一九八七年一〇月一日の朝日新聞が初出のようだ。「寄付文化」という熟語のような言葉は一〇年後、一九九七年から徐々に登場するようになっている。総件数は七四一件であり、応援消費よりも多い。一九九五年の阪神・淡路大震災の頃はそれほどの件数ではないが、二〇一一年の東日本大震災の時には増えていることがわかる。

一九八七年一〇月一日の朝日新聞の記事は、「日本には寄付の文化がないといわれる」から始まる。まさに今日私たちが枕詞のように用いる表現である。続いて、この主張に反論する人々もいるかもしれないとして、町内から回ってくる共同募金や日赤(日本赤十字)、お祭りの

表 2　新聞紙面上に登場する「寄付の文化」と「寄付文化」の数の推移

	日経朝刊	日経夕刊	日経産業	日経MJ	日経地方面	朝日	毎日	読売	産経	合計
1987						1				1
1988										0
1989						1				1
1990						1				1
1991	1									1
1992		1				3				4
1993										0
1994						1				1
1995						1				1
1996	2					2	1	1		6
1997	1					1	3	2		7
1998	2					1		3		6
1999	1	3				2		1		7
2000	1					2	2	2		7
2001	2	2	1		2	2	2	4	2	17
2002	1	1				1	3	1		7
2003		1					3	1	1	6
2004	1	1	1			1	5	5		14
2005	2	1			1	4	6	3	8	25
2006	1	3				3	1	1	3	12
2007	4				1	4	2	7		18
2008	2	4				12	4	4	7	33
2009	3	3	1		2	11	3	7	3	33
2010	3	6			1	12	7	13	5	47
2011	8	2	1		2	21	12	12	9	67
2012	6	2	1			11	9	9	2	40
2013	2	3	1		2	3	9	12	4	36
2014	8	1	1		2	9	8	11	3	43
2015	7	3	1	1	3	13	1	15	3	47
2016	4	1				14	4	14	12	49
2017	11	2	1	1	2	12	8	12	5	54
2018	8	2		1		16	4	10	2	43
2019	3	4	2	4	2	11	5	12	6	49
2020	6	2	2			7	3	7	1	28
2021	4	3	1	0	0	4	8	3	7	30
合　計	94	51	14	7	20	187	113	172	83	741

寄付、同僚の病気見舞いなど多くの寄付を挙げる。

だが、この記事によれば、これらの多くは「おつきあい」にすぎない。本来自発的なものであるはずの寄付について、日本人は「寄付をとられた」「させられた」と表現しているではないかという。赤い羽根共同募金の寄付額は、一九四七年は一人あたり八円、当時の平均賃金の〇・八％だった。一九八六年には一二二円に増えたが、これも平均賃金からみると〇・〇四％に下がっている。

記事は、欧米人のように国家や社会でさえも自分たちの寄付や税金、労力や知恵で作り上げ、動かしていこうという考え方に学ぶ点もある、とまとめている。

寄付文化の初出となる一九九七年の二つの記事もみてみよう。

一つ目は、二月一〇日の読売新聞だ。この記事では、ユニセフが通販会社などから顧客名簿を提供してもらい、日本でダイレクトメールを送ったことが紹介されている。突然のダイレクトメールでも疑問や批判は少ないとユニセフは述べる一方で、記事の論調はプライバシーの保護を主張しているようにみえる。そして最後に、「寄付文化が成熟していない」という法学者の石村耕治の言葉でまとめられている。欧米に比べて、日本では寄付の文化が成熟していない。突然ダイレクトメールを送られた人々には、届いた手紙を無視すれば後ろめたさが起きるという。寄付の依頼を断りにくい心理的傾向は、罪悪感としてしばしば分析されてきた。

もう一つの記事は、一二月八日の毎日新聞である。こちらは社会に役立つ寄付をした人を「フィランソロピスト」と呼ぼうと提唱している。後述するように、フィランソロピーは一九九〇年代に企業のメセナ活動と相まって語られるようになった。当の文面では、日本はキリスト教の伝統がないため寄付の文化が育ちにくい環境とされてきたが、日本の寄付文化の発掘を目指すとされる。

ここまで挙げた三つの記事では、いずれも日本は寄付文化や寄付の文化が「ない」「成熟していない」「育ちにくい」とされている。一方で西洋やキリスト教にはそうした伝統がある。以降の記事も、だから「根付かせたい」「醸成したい」「広めよう」といった形で大きな傾向は変わらない。

もちろん、その時々の記事では、寄付文化が「存在する」こと、あるいは寄付文化が「根付きつつある」ことも取り上げられている。

例えば、二〇〇八年六月七日の日本経済新聞夕刊では、八割以上の人々が今後寄付をしてみたいと回答したという内閣府の調査が報じられている。また、二〇一〇年六月二四日の日本経済新聞夕刊では、参院選に際しての個人献金について、「政治家が考える以上に寄付文化は成熟している」とある。二〇一三年七月二三日の日本経済新聞夕刊によると、日本人の九割は毎年一度何かしらの寄付をしているという。二〇一四年一二月一二日の日本経済新聞夕刊では、阪神間のお金持ちには欧米流の寄付文化があったとされ、大正から昭和初期のエピソードが紹介されている。

さらに二〇一一年五月一〇日の日本経済新聞夕刊は、第1章でみたとおり、東日本大震災と応援消費をふまえて寄付文化が根付き始めたと述べている。ふるさと納税の返礼品問題を取り上げた二〇一七年四月二四日の日本経済新聞朝刊には、返礼品は本来不要であり、ようやく定着しはじめた日本の寄付文化をゆがめかねないという農政学者の小田切徳美の言葉がある。この時期、ふるさと納税と寄付や寄付文化の関係を説明する記事が増えており、ふるさと納税は寄付文化を育んでいるともされる(「日本経済新聞」二〇一八年九月二〇日朝刊)。

その他、クラウドファンディングが活況であることを背景に、日本の「寄付文化」が一気に成熟したのだろうかという報道もある(「日本経済新聞」二〇二〇年八月五日、九月二七日朝刊)。こちらも第1章でみたように、一九九五年以降の社会において、情報技術が与えた影響はとても大きいのであろう。

3　陰徳の文化

目にみえない寄付

日本人は、個人はもとより、企業としても伝統的に寄付したことを公言しない傾向があるともいわれる。

この考え方は陰徳と呼ばれる。漢の淮南子には「陰徳アル者ハ必ズ陽報アリ」と記されており、「陰徳陽報」「陰徳を積め」という教訓のよりどころである。江戸時代にはすでにこうした考え方が存在し、フィランソロピーの基底となっていたという。

ちなみに、日本では一九九〇年が「フィランソロピー元年」であり、二〇〇三年が「ＣＳＲ元年」であるともされる。一九九二年の経団連の調査でも、日本企業が社会貢献に関する情報を積極的に開示したくない理由の一つとして「(善行は)陰徳の精神に基づいて行われるべきである」が挙げられていた。であるとすれば、寄付文化がないというよりは、寄付文化はあるかもしれないが目にみえないようになっている、ということになる。

このため、海外では積極的に展開されるコーズ・リレーテッド・マーケティング(ＣＲ

M)も、日本ではまだ積極的であるとはいえない。CRMとは、大義あるマーケティングを意味し、寄付付き商品が典型的である。海外でよく知られた事例として、一九八〇年代にアメリカン・エキスプレスが行った自由の女神修復キャンペーンが挙げられる。このキャンペーンは、アメリカン・エキスプレスのクレジットカードを発行し利用すると、その利用額の一部が自由の女神の修復資金として寄付されるという仕組みだった。

日本では、二〇〇七年から行われていたボルビックによる「1 litre for 10 litres」がその先駆けである。海外製品だという理解もあり、日本でも例外的に受け入れられたという。夏に実施された最初の三カ月のキャンペーンによって、売り上げは前年比三一%の伸びを示した。その後森永なども同様のマーケティングを展開するようになったが、それほど目立つ形では行われず、結果としてそれほど評価はされなかった。

二〇一一年の東日本大震災の際も、多くの企業が支援に乗り出し、CRMを展開した一方で、その多くはパッケージに小さい文字で支援表明を記載するなど、目立たない形での活動に終始した。坂本九の「上を向いて歩こう」や「見上げてごらん夜の星を」を著名人たちが歌うテレビCMが印象に残ったサントリーでさえも、例えばホームページ上では支援に関する記載をみつけるのは難しい状況だった。企業として寄付や支援を前面に押し出すことは陰徳に反するのかもしれない。

だが、既に変化は生じているともされる。ある調査結果によると、今日では日本においてもCRMの効果が認められるようになっており、海外と同様の傾向が現れ始めている(Stanislawski, Sonobe & Ohira(2014)を参照)。すなわち、陰徳ではなく寄付や善行を積極的に示すことが評価の対象になるようになってきている。

陰徳と陽徳

新聞紙面上でも、陰徳の文化に関わる記事をさまざまに確認することができる。こちらも日本経済新聞(朝刊・夕刊)、日経産業新聞、日経MJ、日経地方面、朝日新聞、毎日新聞、読売新聞、産経新聞を対象として「陰徳」を検索したところ、二〇二一年一二月三一日までに四〇五件となった。多い年で二〇回前後、少ない年で数回程度言及されている。

初出は一九八二年九月一六日の日経産業新聞である。三菱銀行の相談役の葬儀にあたり、故人が「生前、よく陰徳こそ最大の徳だ」と語っていたとされている。

企業と陰徳の関係は、メセナ、フィランソロピー、そして近年ではCSRやSDGsとして取り上げられ、先の三菱銀行のように、特定の企業や経営者との関わりがみられる。

例えば、サントリー経営者（鳥井信治郎、鳥井道夫、佐治敬三）との関連では五回言及がみられる。また、時代を遡り、近江商人の三方よし（「日本経済新聞」一九九九年二月二三日夕刊）、奈良の行基や江戸時代の「商人道」（「日本経済新聞」二〇〇六年七月九日朝刊）、あるいは最澄の「忘己利他」（「日本経済新聞」二〇一五年一二月一四日夕刊）に結びつけた記事もある。陰徳（の文化）は古くから存在していたというわけである。

陰徳と寄付を結びつけた記事も見受けられる。ある海運会社の社長は、陰徳の積み重ねさえできればいいため、寄付名簿に名前を載せることを辞退しており、社員も同業者もそのことを知らないはずだという（「日本経済新聞」一九八四年一月五日朝刊）。

これに対して、昭和電工の鈴木治雄は、企業のメセナ活動について、陰徳ではなく寄付した人の名前を出して文化支援すればよいという（「日本経済新聞」一九九〇年七月二二日朝刊）。同様の内容は、武田薬品工業社長の梅本純正も話している（「日本経済新聞」一九九一年三月二九日夕刊）。日本では、陰徳という言葉で示されるように寄付はこっそりするものという考え方があるが、どうもそれでは世界では通じないという。

朝日生命保険の若原泰之は、自らのたどりついたフィランソロピーとして、寄付のためには陰徳ではなく陽徳や顕徳を認める社会を作る必要があると語る（「日経産業新聞」二〇〇一年一月一〇日)。寄付と陰徳を関連付けながら陰徳を否定し陽徳を目指す主張は、メセナ協議会の荻原康子も行っている(「日本経済新聞」二〇一七年二月二〇日朝刊)。

陰徳の存在は、寄付や寄付文化が目にみえにくいだけであり、実際には江戸時代どころか行基や最澄の時代から存在していた可能性を示している。と同時に、今日では陰徳ではなく陽徳が必要だという主張は、陰徳の存在が寄付を抑制してしてきた可能性をも示唆する。

陰徳と寄付文化の関係は複雑である。

4　ボランティアと贈与のパラドックス

だが、なぜ、そもそも寄付したことを公言してはいけないのか。

陰徳の文化は、そうすることが陽報につながるからだという。だが、なぜ、公言しないことが良い報いに結果的につながるのか。その理由は定かではない。むしろ、私たちにとって理解しやすいのは、寄付を公言すると、その寄付らしさが失われてしまうということであるように思われる。

先にみたふるさと納税批判(「日本経済新聞」二〇一七年四月二四日朝刊)を思い出そう。ふるさと納税が問題視されているのは、寄付にとって本来不要なはずの返礼品を伴っているからであった。私たちにとっては、寄付には見返りがあってはならない。寄付は純粋に与えるだけの贈与でなければならないのである。

寄付は、一度公言されてしまえば、あの人は寄付をする優れた人や企業なのだといった形で、名誉や名声が見返りとして与えられてしまう。ここからさらに、あの人は名誉や名声欲しさに寄付を行ったのだとさえ思われてしまう。寄付が寄付であるためには、だから陰徳して隠さざるをえない。

こうした寄付にまつわる厄介な性格を、社会学者の仁平典宏は贈与のパラドックスとして捉えている。贈与のパラドックスとは、「〈贈与〉とは、外部観察によって、絶えず反対贈与を「発見・暴露」される位置にある」ことを意味し、「近代的な権力は、善意を装い贈与するふりをして、決定的な負債を与えていく存在として概念化されてきた」ともされる。

具体的に、贈与のパラドックスは大きく二つの点から捉えることができる。

一つは、贈与は意図をめぐって行為者と観察者の解釈し合うコミュニケーションを誘発するということである。「それは「贈与」ではなく、名声を得るために行ったものだ！」といった指摘は、まさに贈与や寄付に対して典型的にみられる対応であろう。私たちは、寄付の純粋な気持ちをすぐに疑ってしまう。

そしてこのことが、もう一つの点にも関連している。すなわち、贈与には、その対概念である交換の意味が浸潤しているのである。ふるさと納税の返礼品に対する批判はこちらに該当するだろう。贈与には本来返礼品があってはならないが、実際には返礼品が生まれる余地が常にある。

贈与のパラドックスが意味しているのは、素朴な認識とは異なり、贈与と交換を明確に区別することが困難だということである。例えば、哲学者のJ・デリダは、M・モースによる贈与論について議論しながら、贈与は時を与えるとしている。贈与は、交換に対し、返礼が遅れを含む差延であることによってのみ区分される。曖昧な時間差でしかない差延は、贈与を贈与だと認知した時点で失われてしまう(贈与だと知った時点で、返礼の義務が意識されてしまい、交換になってしまう)。それゆえに、根本的に「贈与は不可能なこと」ともなる。

仁平は、この贈与のパラドックスを軸にして、ボランティアの誕生と終焉を戦前から阪神・淡路大震災にいたる長い歴史の中で捉えている。ボランティアは、寄付と同様に本来的に贈与でありうるが、先の二つの理由において純粋な贈与たり得ることは難しい。

この困難に対して、ボランティアがその意味をどのように変化させていったのか。この際に注目されるのは、ボランティアという言葉が持つ素朴なイメージとは裏腹に、その背後にみえ隠れする国家や資本といった権力の存在である。仁平が文中で紹介するビートたけしのボランティアへの指摘が、まさに国家や資本に動員されるボランティアと、そのように語ってしまう人々の存在を示している。

「ボランティアという行為には、そもそもすごいパラドックスがあるんだよ。国がやる福祉というのがそもそもボランティアだろう。……だからボランティアを(みんなが)やればやるほど、本来働くべき人間(役人)に楽をさせ、間ぬけな国を助けているということになる」(仁平(二〇一一)、一〇頁)

以下では、主に仁平典宏『「ボランティア」の誕生と終焉』に基づきながらボランティアの歴史を追認することで、贈与のパラドックスが作り出していく現実を確認しよう。寄付ではなく消費による応援が生まれた理由は、ボランティアの誕生と終焉の中に見出すことができる。

5　国家と社会に生まれるボランティア

ボランティアへの考察は、戦前期にまで遡る。明治三〇年代、やがてボランティアを生みだす贈与のパラドックスが新聞紙面上に本格的に表れ始めるという。

日本では、一八九六年(明治二九年)に公益法人が初めて制度化された。この営利目的ではない団体は、「公益」性があると認められない限り法人として設立することはできなかった。つまり、この認定は国によって管理・統制されていた。その一方で、当時の国は社会保障の領域ではほとんどプレゼンスがなく、その役割は社会の自発性に依存する必要もあった。その結果、贈与としての性格を持つ公益性は、個人に強い利他性を求めていく果てしない追求か、その間接的・近似的達成として宗教への依存という形をもって現れた。これらはいわゆる慈善活動として捉えられる。

とはいえ、宗教であっても「実は」という指摘から完全に逃れることはできない。それゆえに、徹底した慈善に代わり、利己であり利他でもあるという交換を積極的に認める社会事業が登場し、「奉仕」という言葉で語られるようになる。

奉仕は上から下への慈善ではなく、社会を媒介に諸個人が対等に交換し合う関係が目指された。相互に与え合う世界である。だがこれすらも、なぜそうした活動を行う必要があるのかという理由を埋めるために、個人のレベルでの動機付けが求められるようになった。社交や友達という意味が生じるとともに、後に重要な視点となる「楽しい」という話法や、(あくまで限られた研究論文においてだが）職業として成立しているとは言い難い社会事業従事者やセツルメントにおける無給の活動者について、ボランティアという言葉が見出されていく。

ちなみに、奉仕という考え方は、その後滅私奉公として、天皇に対する無限の負債を負う国民という形に発展する。天皇＝国家は、国民にすべてを与える。これに対し、国民は返礼の一切を担い、戦時動員＝奉公と結びつく。『「ボランティア」の誕生と終焉』は、慈善、奉仕、そして奉公＝奉仕を三つの時代として捉え、贈与と交換が作り出す社会の変化を提示している。

6　赤い羽根共同募金

戦後から一九五〇年前後にかけ、国家による社会の保障はひきつづき提供されないままになる。そして、社会権の保障を社会に担わせようとする国家の介入が改めて問題を引き起こしていく。この「国家と社会の間の不分明地帯」こそが、贈与の意味論と、ボランティアが息づく場所となる。

形式的には、憲法二五条にみるように国民の「健康で文化的な最低限度の生活を営む権利」および「社会福祉、社会保障及び公衆衛生の向上及び増進」に関する国の責任が明記された。

このため、社会活動の担い手は国や地方自治体のみであり、ボランティア活動のように市民が直接関わる活動は時代遅れだという風潮や誤解も生まれたとされる。

だが、この実現は容易にはなされなかった。

例えば、旧生活保護法では、人々や民間組織の動員／活用をめぐって議論が生じ、彼らを国家公務員としながらも無給としたり、最後には国家の職務に服するのではなく、あくまで協力機関として位置づけることにもなった。社会福祉法人についても、委託費制度導入により、民間でありながら政府のコントロールを受けるとともに、民間の公益法人でありながら国・地方自治体に準じる機能を持った。

ここで赤い羽根共同募金を始めた社会福祉法人に注目しよう。先の寄付の話でもみたように、人々が寄付を行う典型的な対象は、今も昔もこの赤い羽根であった。

社会福祉法人の創設は、もともと民間施設への公的援助の打ち切りと、それまで存在していた篤志家の解体によって失われた財源の問題を解決するためのものだった。そこで、社会内部から寄付を集めるという選択肢がとられた。戦前の寄付は、贈与への意思が突出する一方で、合理性を欠いたものとして捉えられてきたのであった。

具体的な方策として、GHQにより、アメリカで行われているコミュニティ・チェストを日本に導入するという形が提案された。その後登場する寄付の文化や寄付文化への言及において、しばしば西洋との比較が述べられていたのは、こうした歴史的背景によるところが大きいと考えられる。

GHQの指示で作られた提案書では「宣伝を十分徹底して所謂共同募金気分を作り、大衆をして寄付をせざるにおられない気持ちにする」という。私たちの目からすれば、宣伝/プロパガンダとともに、後述するマーケティングを見出すことができるだろう。そして、第二回以降に登場した「赤い羽根」はフィーバーを巻き起こす。「「理性」ではなく「感情で」」という戦略の、最も華々しい成功例になったのである。同時に、地域社会の相互統治的な力も利用され、募金の拒否を難しくするような町内会や婦人会を通じた訪問も行われていた。

同時期、社会福祉法人の一つとして社会福祉協議会が生まれる。やはりGHQからの提案によって作られたこの組織は、当初は「何をしたらよいのやらわからない」状況に置かれていた。その中で見出されたのがボランティアという活動への関与だった。彼らは、結局のところ、ボランティアを上から見出し、教育を通じて人々を組織化していくことになる。

その後一九五〇年代に入ると、アメリカがむしろ保守としてみなされるようになり、GHQの政策も含めて日本では批判的な見方が強まっていく。国家による社会の統制が問題とされるようになり、共同募金もまた、学童生徒を利用し、また動員するものであってはならないとされ、自主性、自発性が求められることになっていった。

7　ボランティアの自己効用論

一九六二年ごろからボランティアという言葉が一般化していく。全国社会福祉協議会による「社会福祉のボランティア育成と活動のために」がきっかけであるという。

一九六〇年代には、「奉仕」の方が一般的であり、「ボランティア」は新奇な語であった。一九七〇年以降、例えば『青年と奉仕』という雑誌でも、ボランティアの使用頻度が徐々に大きくなっていく。「奉仕」は上下関係を前提としているのに対し、「ボランティア」は自由意志を表すものとして区別するようにもなる。さらに、ボランティアは運動し変革していくという意味も一九七〇年代には加えられるようになっていた。この辺りは言葉の意味が変わっていく過程でもあり、奉仕も、いつの間にかかつて否定していた慈善と同じ意味を持つようになったことがわかる。

一九七〇年代以降、ボランティア論は大きく変容していく。この時代は、「消費社会へと変換していく時期として記憶されている」(仁平(二〇一一)、二七四頁)。国家が直接的な担い手となり、ボランティアの推進政策が進められるとともに、社会保障予算が急速に拡大していく時代である。

一九七三年には、田中角栄内閣が「福祉元年」を宣伝するようになる。ボランティアに特徴的な点として、『「ボランティア」の誕生と終焉』では、一九七一年に社会教育審議会が出した答申が紹介されている。その中では、高齢者の社会的奉仕の活動への参加が奨励され、活動を行う高齢者自身の「生きがい」を見出すためのものという観点が示されている。つまり、ボランティアは何かのためではなく、自らの主体を作り出していく教育の形式となった。

これまでも、ボランティア活動は人のためにあらずと説き、それをもって贈与のパラドックスを解決しようとする議論はあったとされる。だがそれは、あくまで他者への贈与行為が集積することで社会が良くなり、結果として自分の利得をも向上させるという構図であった。

だが、今や当該行為は、そのまま行為者(行為者集団)の利得を向上させるものであり、その波及効果として社会(一般他者)の利得をも向上させる構図をとるようになった。これを仁平は著書で、自己効用的なボランティア論と呼ぶ。

この傾向は、一九七〇年代から八〇年代にかけて疎外論と結びついて様々な立場で受け入れられていく。あらゆるものを「ボランティア活動」と名指すことも可能になる。一九八〇年には、有償ボランティアや住民参加型福祉サービスなど近隣概念が生み出され、境界問題を引き起こす。

自己効用論は、その後もさらに純化していく。ボランティア活動がもつ人間解放・回復の意義が強調され、活動者＝援助者が同時に被害者＝被援助者であるという考え方が生まれる。また、「活動自体の楽しさ」という言葉も語られるようになっていく。もはや社会的意義ではなく、義務でもなく、「自発的に、楽しく」ということがくりかえされるようになった。これにより、国家による動員にも対抗できるし、対象や方法を自由に選択できることになったわけである。ちなみに、この自己効用論は贈与のパラドックスに対する典型的な解決方法であり、ボランティアに限らず、寄付や応援消費にもみられる。それ自体を誰かのため、何かのためと考えるのではなく、ただ自らの楽しみや喜びのためだと考えるわけである。

だが同時に、このときボランティアの意味は、贈与ではなく交換にかつてなく接近していく。与えるだけの贈与ではなく、その見返りが自身の楽しさとして、差延なく直ちに戻ってくることになるからである。その結果、福祉という意味論に転移された場合には、改めて「他者」の存在が問題とされ、齟齬をきたすことになる。ボランティアはもちろん贈与には必ず受け手が存在するはずであるにもかかわらず、自分のため、楽しさのためという自己効用論では、他者が存在しないからである。

8 交換への志向

一九八〇年代の政策の基本的な方向性は「増税なき財政再建」であった。財政赤字の削減が目的とされ、社会保障給付費も見直しの例外ではなかった。その過程で、ボランティアを国家や自治体の含み資産として活用するような視点も見出されていく。ボランティアをペイドワークに漸近させていくという選択肢も模索され、交換の実体化が強められていったことになる。受益者負担の増加=市場化と位置づければ、福祉削減の意図を読み取ることもできる。

その一方で、この観点からのみ理解することは、贈与のパラドックスが生み出す問題を解決する努力と成果を見落とすことにもなるともされる。障害者がサービスを買える消費者になるためには、障害者の所得保障を同時に考える必要があり、彼らの当事者主権と結びつくからである。

すなわち、交換の実体化は、それ自体として悪いものというわけではない。むしろ、与える側と与えられる側、豊かな側と貧しい側といった立場を超えて、両者が首肯性を持ちうるものになりうる。

ちなみに、仁平は、当時贈与のパラドックスを解決しえたかもしれない別の選択肢も提示している。鍵になるのは、ボランティアと障害者は友人になることや結婚することができるのか、という問いである。

この問いへの解決は、障害者と介助を行う側両方に対して制度的な社会保障が行われれば、「ボランティアに労働力と承認の両方を求める」という過剰な要求をせずに済むことにある。これはすなわち、初期に考えられていた国や政府による社会の保障(しかし同時に、それぞれは独立していなければならないという難しい選択肢)であり、社会に政府が介入し、贈与が交換と結びつけられていく過程において、日本では失われてしまった視点に他ならない。

そして一九九〇年代に入り、ボランティアは充満し、終焉する。現在の多くのボランティア論が、日本におけるボランティア活動の実質的な歴史の始まり、ボランティア元年を一九九五年に設定するにもかかわらずである。『「ボランティア」の誕生と終焉』で一九九〇年代を扱った章の副題、「互酬性・NPO・経営論的転回」が意味するところは大きい。一九九〇年代後半以降の「ネオリベラリズム」という社会編成と、参加型市民社会を編成する言葉が、期せずして軌を一にする。

9　NPOの時代

一九九五年ごろ、ボランティアは新聞記事でよく用いられるようになる一方で、その後勢いを失う。代わりにトップに立ったのはNPOである。

国家は、社会に対する介入という方法だけではなく、自律化という形でも影響を与えていた。NPOの法制化では、法人設立にあたり、準則主義が採用された。形式的に一定の条件を満たしていれば法人の設立が認められるということであり、かつての一八九六年以来の許可主義を見直すものであった。最終的な法制化では、市民活動は「市民」の持つ政治的な側面を排除しようとして「非営利」に変更され、形式上は認証主義の形態が取られることになったが、一九九八年に特定非営利活動促進法が成立する。そして二〇〇一年には、税の優遇措置がある認定NPO法人制度が設けられた。

こうして、ボランティア推進にあたっては国家の侵犯が常態化するのに対し、NPOなどの法人レベルをめぐっては、自律性が制度的に保証されていくことになる。

さらに、一九九〇年代のNPOの権限拡大は、福祉供給の豊穣化につながるポテンシャルを有していたとされる一方で、二〇〇〇年代にはいると、再商品化＝ネオリベラリズム的文脈への配置が目立つようにもなる。「聖域なき構造改革なくして真の景気改革なし」と謳った小泉純一郎内閣の閣議決定では、社会福利にみられる「善意」は「非収益」であり、これが規制や官僚構造の温床になったとされ、その後も非営利性が問題視されている。ちなみに、ここでいうネオリベラリズムの基本戦略とは、政府の財政支出の削減・抑制、社会国家からの脱却・転換にある。

NPOに取ってかわられる中、ボランティアは境界を解体し、いよいよ拡張していく。その際に重要な言葉として登場したのが互酬性である。互酬性は、贈与でもなければ交換でもない。基本的にはボランティア活動による「報酬」を指し示し、生きがいの追求や自己表現も互酬性に基づく動機であるとされる。互いに助け合い交流するという広い意味をもち、ボランティアの同定問題の対象となった諸活動を全て外延として包摂できたという。

NPOの登場は、営利企業の躍進とも関連している。企業と市民社会が出会う場が作られつつあったのである。ボランティアの意味論が贈与から交換へ向かうベクトルの中にあるとしたら、「企業の社会貢献」は、交換の場所から贈与に向かうベクトルの中に求められるという。

先に私たちが寄付文化や陰徳の歴史を通じてみてきたメセナやフィランソロピーの台頭である。結果として、NPOと営利企業が似た場所に位置づけられていく。

ボランティアはNPOとして組織化、制度化され、一方で営利企業が社会貢献を果たそうとするようになる。贈与と交換は統合されていくのである。

「一九九〇年代以降の言説空間では、市場からの寄付が「不浄」だと述べることは、もはや滑稽さすら漂う。市場と市民社会は、「スイート・カップル」であり、政府／市場／市民社会は「世のため人のため」という点で「同じ」である」(仁平(二〇一一)四〇一頁)

10 応援消費の理由

本章後半では、かなりの分量を割いて、仁平典宏によるボランティア論を確認してきた。ボランティアに内在している不安定さ、すなわち贈与のパラドックスの力は、国家や資本と様々に結びつきながら展開し、特に近年では、新自由主義の影響を強く受けて交換として制度化されつつある。

本章前半でみた日本における寄付も同様であろう。かつては陰徳の文化が存在し、寄付したことを徹底的に隠す文化を通じて、贈与のパラドックスは閉じ込められてきた。しかしながら、メセナの登場と相まって陰徳は陽徳へと姿を変えようとしており、それが成功するかどうかはわからないが、寄付もまた市場と結びつき交換化してきたことがわかる。CRMが日本にも定着するとすれば、それはまさに寄付が市場の一商品となったということに他ならない。

仁平の議論では、ボランティアは一九九〇年代、特に阪神・淡路大震災を前後して終焉に向かうことになる。ここで第1章を思い出そう。なぜ二〇一一年には応援消費があり、一九九五年にはなかったのか。

私たちは、改めてこの問いに答えることができる。一九九〇年代、あるいは一九九五年を契機として、ボランティアがNPOへと姿を変えていったように、応援や支援、さらには寄付もまた、同時期に市場と結びつき交換化されていったのである。そもそものようなことが起きたのはなぜか。それは新自由主義の浸透と消費社会の発展であり、そして根源的にいえば、社会を作り出す贈与のパラドックスによってである。

もちろん、新自由主義の浸透や消費社会の発展といっても、自動的にそのような考え方が生まれ、また広がっていくわけではない。国の号令によって直ちに社会が変わるわけではない。私たちは、その具体的な術として、後にマーケティングという現象や思考に注目することになる。だがまずは、応援消費が生まれた根源には贈与のパラドックスがあるという発見を持って、ひとまずこの章を閉じることにしたい。

なお、『「ボランティア」の誕生と終焉』では、新自由主義ではなくネオリベラリズムという言葉が用いられている。そこでネオリベラリズムは、先に述べたように政府の財政支出の削減・抑制、社会国家からの脱却・転換を主題とし、その代替として交換や市場が位置付けられる。

今日、新自由主義やネオリベラリズムという言葉は様々な意味を有しており、「ブロッケンの妖怪」であるともいわれる。本書で基本的に用いている新自由主義は、こちらも最初に述べたように、自由な市場の存在がより良い社会を作り出すといった意味合いであり、強調点が少し異なっている。そのため両方の用語をそのまま分けて用いた。

第3章　ふるさと納税にみる返礼品競争

1　ふるさと納税はどのようにして応援消費となったのか

贈与のパラドックスに対しては、国や資本、さらには法制度が重要な役割を果たしてきた。第2章でみたように、寄付、ボランティアのいずれも、近年では贈与の交換化、あるいは市場化という流れが強まっている。この流れは新自由主義の強まりと呼応し、今日の応援消費を作り出していると考えられるが、当然のことながらこの動きは振り子のように揺れ動きながら進んでいる。

応援消費をより詳細に捉えるにあたって注目される制度として、ふるさと納税を挙げることができる。これまでもたびたび、ふるさと納税と応援消費の結びつきは言及されてきた。

ふるさと納税は、寄付における寄附金控除を用いることで、自身が望む自治体への納税を実質的に可能にする制度である。総務省のホームページでは、「「納税」という言葉がついているふるさと納税。実際には、都道府県、市区町村への「寄附」です。一般的に自治体に寄附をした場合には、確定申告を行うことで、その寄附金額の一部が所得税及び住民税から控除されま

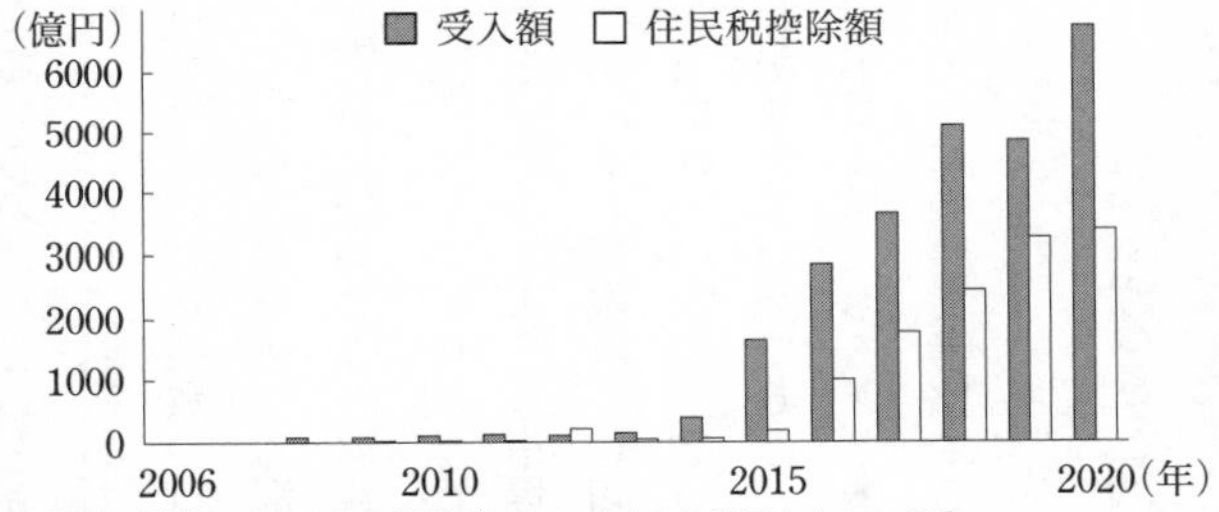

資料：総務省「ふるさと納税ポータルサイト」資料をもとに作成

図3　ふるさと納税納税実績額

す」とある。二〇〇七年に創設が表明され、二〇〇八年五月から実際に運用が開始された。その後、改正されながら今日まで続いている。

ふるさと納税の受入額は、受け入れ開始後は低迷が続き、東日本大震災が起きた二〇一一年にも微増した程度であった（図3）。それでも当時は急増したとみられていたが、本当に急増したのは二〇一五年以降である。

この背景には、二〇一五年一月一日から住民税の控除上限額が約一割から約二割に拡充されたこととともに、二〇一五年四月一日には「ふるさと納税ワンストップ特例制度」が創設され、一定の条件を満たせば確定申告などが不要になり利便性が増したことが挙げられる。

その後、二〇二〇年にふるさと納税は六七二四億円に達した。前年比でいえば一・四倍であり、コロナ禍の影響を読み取ることができる。逆に、二〇一八年から二〇一九年にかけて伸び悩んでいるのは、このとき、「ふるさと納税指定制度における令和元年六月一日以降の指定等について」として返礼品の内容を制限し、当時ふるさと納税の趣旨に反した方法で多額の受入を行ったとされた複数の自治体が不指定とされたためである。

この返礼品をめぐる混乱こそ、本章で確認したい贈与の交換化である。寄付を集めようと返礼品を用意したことによって、いつの間にか返礼品をもらうために寄付を行うという逆転現象が生じたふるさと納税。寄付という贈与のはずが、あたかも寄付で返礼品を「買う」ような市場を作り出してしまったふるさと納税。

ふるさと納税は、時間的にみればいわば応援消費の前史を含んでおり、応援消費という言葉が生まれて以降は、その特徴やメカニズムを理解するにあたってもっとも形がはっきりとしてわかりやすい例である。

本章では、ふるさと納税がどのように始まり、またどのように返礼品競争を生み出していったのかについて考察する。これまで同様の新聞記事と、合わせて国会議事録も参照していく。

2　ふるさと納税の発端

ふるさと納税という言葉が新聞紙面上に多く登場し始めるのは、二〇〇七年五月二日の菅義偉総務大臣の発言からである。ただ実際には、ふるさと納税は安倍晋三総理大臣から検討するように以前からいわれていたともされる(「日本経済新聞」二〇〇七年五月六日朝刊)。

この時点でのふるさと納税の大きな目的は、都市と地方の税収格差の是正であり、生まれ故郷を大切にしたいという思いを汲み取ることにあった。ここには、ふるさとに対する応援や支援の気持ちは感じられるが、消費という側面は特にみられない。

ふるさと納税は、「居住地以外の納税地を選ぶ仕組みは世界的にも例がない」(総務省、「日本経済新聞」二〇〇七年五月三日朝刊)ため、制度設計には課題が多い。しかも、「七月の参院選をにらんだ構想との見方もある」という。実際、国会議事録でも、「少し脇みちにそれた」(二〇〇七年五月八日)、「筋が悪い」(五月一五日)、「自民党内でもまだまだコンセンサスが得られない」(五月一八日)とされている。

これらの記事では、大きな課題として、「受益者負担の原則」(行政サービスを受ける人が税金を払うという原則が失われる)、「課税自主権」(税制は各自治体が決められるが、その税制に影響を与える)、「納税地の選択範囲」(範囲を自由にすると自治体間で税収争奪戦が起きる)、「徴税コスト」が指摘されている。

これらのうち、特に一つ目の受益者負担の問題は、以降繰り返し登場することになるとともに、三つ目の「納税地の選択範囲」が示した自治体間での税収争奪戦は返礼品競争として現実のものとなるが、ここでの焦点はあくまで税金の問題である。制度設計の結果別の形になることも想定されており、ドイツの例として、地方自治体が一定額を拠出し、税収が不足した自治体に補填する仕組みがあることも指摘される。この仕組みも、全く同じではないが、国からの補填となる地方交付税を考えれば、やはりその後繰り返し登場する議論となる。

ふるさと納税という考え方は、より正確には、政府から一方的に突然示されたというわけではない。菅総務大臣は、先の五月八日の答弁において、「唐突ではないというふうに思います」と述べた上で、地方自治体の長から強く陳情を受けてきたとし、さらに五月一五日の答弁では「私とか総理ということでなくて、これは数年来、自民党の中で議論をされてきていたところであります。毎年と言っていいぐらい実は税調で議論されてきておりました」としている。

実は、二〇〇五年九月には、福井県と県内市町村が三位一体改革に関する提言を共同で出し、ふるさと納税の導入をすでに求めていた。ふるさと納税に似た政策として、一九八七年に実施された「ふるさと創生」があり、一連の繋がりの中でふるさと納税という言葉が生まれてきたと考えられる。

とはいえ、二〇〇七年五月一一日の日本経済新聞によれば、このふるさと納税を政府内で実質的に主導したのは、安倍総理大臣、菅総務大臣、そして自民党の中川秀直幹事長である。一方、これに対しては税制の主導権争いとして、自民党の津島雄二税制調査会長や片山虎之助参院幹事長から慎重な姿勢が示されている。特に津島税制調査会長は、この時点で「『自分が生まれ育ったふる里に恩返ししたい気持ちを生かすなら寄付という制度もある』と指摘した」とされる。その後、中川幹事長もまた、同様の寄付税制の手直しを通じたふるさと納税の実現を提案することになる。

寄付税制の方法は、専門家のみならず、より一般的な記事としてもこの時点で提案されている。ふるさと納税を納税者の選択制にした場合、どの程度、税収格差の是正に役立つかわからない。ふるさとなどを応援したいという個々人の意思を尊重するならば、既存の寄付制度を拡充するという方法も代替案になるかもしれないというわけである。

こうした記事をみる限り、ふるさと納税は、当初は地方の税源の問題として議論される中で、寄付税制の利用を落とし所として制度設計されていったことになる。今日のふるさと納税が寄付としての性格を有しているのは、もともとはこうした制度設計上の結果であろう。

また、当時の記事でも「応援する」という表現が用いられているのも印象的である。寄付を応援として捉えることは常識的であろう。だがこの応援したいという気持ちが、やがて返礼品や消費と結びつき、さらには応援消費と呼ばれるようになることは、当時どの程度予想されていたのだろうか。

3　ふるさと納税に対する反応

表面化したふるさと納税というアイデアは、各自治体で賛否両論の反応を引き起こす。この時期、特に新聞記事に登場するのは全国知事会を中心とした知事たちの発言である。

例えば、二〇〇七年五月一一日に行われた全国知事会では、福井県の西川一誠知事が都市と地方の税収入のバランスを求めたのに対し、東京都の石原慎太郎知事は「ふるさと納税は、「聞こえはいいが、税の体系としてナンセンスだ」と指摘」したという。合わせて、この際に石原知事は法人二税の見直しに関しても「東京に対する収奪としか取れない」と反発している（『日本経済新聞』二〇〇七年五月一二日朝刊）。法人二税の見直しは、個人向けのふるさと納税とは異なり、金額も大きく、各自治体の財政により大きな影響を与えると考えられている。

ふるさと納税に対するその他の各自治体の反応も分かれている。大都市が反対し、地方都市が賛成しているようにもみえるが、意外にも、当初の全面賛成は七知事に限られる。寄付であるならば容認するという選択肢を含むと一二知事に増えるが、それでも全都道府県から考えれば、四分の一程度である。この背景には、ふるさと納税そのものの効果の是非とともに、法人二税をはじめとした他の税収の問題や、国から補塡される地方交付税が減額されるのではないかという不安がある。

ふるさと納税の背景の一つには、三位一体改革の影響がある。日本では、従来地方自治体の財政は主に国からの地方交付税によって賄われてきた。しかし、二〇〇〇年代の小泉純一郎内閣時代に、税源移譲による地方分権化を軸として、政府補助金の改革と地方交付税の削減がいわゆる三位一体改革として推し進められた。この際、税源移譲の中心とされたのは住民税であったため、相対的に人口が多く、かつ企業が多い都市部の自治体は法人二税を含め税源を確保できた一方で、人口の少ない地方自治体はむしろ税源不足に陥ることになった。この点は、知事間でも共有された認識であり、「あの二の舞は避けたい」（「日本経済新聞」二〇〇七年七月一六日朝刊）と考えられていた。

ふるさと納税は、都市と地方の税収格差の是正という形で提案された。この格差是正として、この時点で大きく三つの方策が示されていたようにみえる。一つは、ふるさと納税と合わせて主張された法人二税の見直しである。二つ目は、地方交付税の見直しである。そして三つ目が、ふるさと納税を通じた住民税の見直しである。

これらのうち、当のふるさと納税は、当初より受益者負担の問題と、その効果の限定性が指摘されており、知事の多くは、ふるさと納税ではなく法人二税の見直しや地方交付税が重要だと考えていた。

例えば、いち早くふるさと納税に賛同を示した鳥取県の平井伸治知事にしても、「ふるさと納税が抜本的な税の偏在解消に役立たないのを承知のうえ」であり、本当の目的は、「地方の知事を「税制格差は税源調整でなく、交付税で調整」という論調に誘導すること」にあったとされる(『日本経済新聞』二〇〇七年七月二四日)。国会においても、法人二税の見直しや地方交付税への言及がみられる。二〇〇七年五月二二日には国会で、ふるさと納税、法人二税の見直し、さらには消費税の見直しが同時に語られている。増税も含め、地方の財源が検討されていたことになる。

ただ、さまざまな反応とは別に、五月二五日には総務省が「ふるさと納税研究会」(座長・島田晴雄千葉商科大学長)を発足させ、本格的な作業に入っていく。この委員には福井県の西川知事も入っており、ゼロから制度の是非について検討するというよりも、すでに実施を前提とした制度の具体的な設計が進んでいたと考えられる。

4　ふるさと納税の開始

現実には、その後二〇〇七年七月に行われた参院選で与党の自民党は大敗し、議席が過半数割れする。さらに九月には安倍総理大臣が辞意を表明し、政局が不安定になる。結果、税財政改革は停滞することになり、特に増税案は実質的に封印された。

その一方で、すでに税制としては問題があると考えられ、寄付控除という別の形を模索し始めていたふるさと納税に関しては、そのまま話が進む。そして、総務省のふるさと納税研究会は、「地方自治体への寄付金を個人住民税から税額控除する仕組みにする方向で一致」する（『日本経済新聞』二〇〇七年八月一日朝刊）。さらに、八月下旬には、控除の下限も引き下げられ、より少額でも控除の対象となることが決まった。

これに対して、九月には、これまでふるさと納税に否定的であった全国知事会も支持する方針を打ち出している。ふるさと納税に強く反対を示してきた石原知事も、一〇月には容認の姿勢をみせる。「減収になっても規模は限定的」（『日本経済新聞』二〇〇七年一〇月六日朝刊）だからであるという。ただし、法人二税の配分見直しは依然として反対している。地方の格差是正の効果が限定的であろうというふるさと納税の欠陥が、大都市にとってはむしろ受け入れやすいものだとみなされたことがわかる。

ただ参議院では与党が過半数割れしているねじれ国会であったため、制度案の可決には時間がかかることになる。二〇〇八年四月三〇日の衆議院での再可決により、ふるさと納税が正式に始まる。

一方で、地方では、ふるさと納税の制度が始まることを見越し、寄付金を巡って先行した取り組みが始められている。

もっとも先んじたのは、これまでも活動を推進してきた福井県である。当初よりふるさと納税を主張し、ヤフーと組んでクレジットカードでの寄付の支払いを可能にするなど、ふるさと納税の受け入れを進めてきた。寄付者には「ふるさと県民カード」を発行し、広報誌やメールマガジンでの情報提供、県産品の購入割引などの特典を与えるという。

西川知事は、「制度の「パイオニア」」(『日本経済新聞』二〇〇八年四月一〇日、地方経済面北陸)を自任し、その普及に力をいれている。ちなみに、ふるさと納税を自分のアイデアだとする人々は他にも多く、先の参院選では、世耕弘成首相補佐官は自身が進言し続けた「ふるさと還元税構想」が結実しているとし、民主党の平岡秀夫衆院議員も「納税先指定による納税法案」として提案してきたとしている。

長野県も、県や市町村に対する寄付を募るウェブサイトを立ち上げている。サポーターをいち早く囲い込む狙いがあるという。同様に、佐賀県もまた、「ふるさと納税」推進キャンペーンとして、帰省客や観光客へのアピールを始めている。鳥取市の場合には、寄付の受け皿として「鳥取砂丘応援基金」(仮称)が創設され、鳥取砂丘の環境保全や観光イベントを行っている。その他、例えば新潟県では、ふるさと納税は移住を考えるきっかけになればいいともされる。そのため、「住所などを把握した寄付者に新潟の情報を送る」(「日本経済新聞」二〇〇八年五月一七日、地方経済面新潟)ことが紹介されている。

しかし、開始から一カ月が経ち、地方自治体がPR合戦を始める中、「世間の関心はいまひとつ」(「日本経済新聞」二〇〇八年六月二日朝刊)だという。「寄付の文化が乏しいとされる日本でふるさと納税は根付くのか」ともあり、寄付文化とふるさと納税が結びつけられている。さらに、「地元の特産品を贈るなど、モノで寄付を呼び込む作戦も目立つ」ともすでに記されている。

国会審議でも、こうした贈り物の問題視がはやくも始まっている。二〇〇八年四月八日の国会では、魚住裕一郎参議院議員は新聞記事にもなっているとした上で、小倉牛を贈呈している北九州市を例にプレゼント競争を危惧している。これに対して、増田寛也総務大臣もまた、制度の趣旨に反するものになってしまうことを懸念している。

返礼品にも注目が集まる一方で、最初に多くの寄付金を集めたのは大阪府であった。二〇〇八年六月時点での都道府県への累積寄付金額(栃木、神奈川、三重は非公表)では、大阪府が最多の六九一三万円を集めた。二位は徳島県、三位は福井県だった。しかも、大阪が一位であった理由は、プレゼントを宣伝するのではなく、橋下徹知事が窮状を訴え、個人と真剣に向き合う姿勢にあったとされている。その他、震災との関連として、二〇〇八年一一月二五日の朝日新聞では、岩手・宮城内陸地震においてふるさと納税をしてくれた人に感謝の気持ちを表すため、新米を贈ることにしたとある。その後の東日本大震災における応援消費にも結果的につながっていったのかもしれない。

5　寄付としての性格と返礼品の効果

二〇〇九年八月三〇日の衆院選の結果を受け、九月には政権が民主党へと移る。これまでふるさと納税に対して批判的であった民主党政権下では、その仕組みは取り止めにはならないものの、特にテコ入れされることなくそのままになったようである。話題は減り、ふるさと納税の利用も増えない。

そうした中、限られた数の記事として、本来的な寄付が増えたことが紹介されている。例えば、宮崎で口蹄疫が起きた際には、寄付金額が増えた。義援金についても、ふるさと納税として扱うことが原口一博総務大臣から指示されている。二〇一〇年五月二五日の国会においても、原口総務大臣は「現行法でできることはすべてやる、できないことは枠を超えてでもやる」と述べている。コロナ禍に宮崎県がいち早く応援消費を主張した背景ともいえる。

本来的な寄付という点において、最も象徴的であったのはやはり二〇一一年の東日本大震災である。「震災を機にようやく目が向いた」(「日本経済新聞」二〇一一年六月二七日朝刊)とも指摘され、ふるさと納税の受入額は一二一億円を超え、前年二〇一〇年の一〇〇億円程度から増加した。特に、被災した岩手、宮城、福島の三県では、速報値で二〇一〇年に比べて、約八億八九〇〇万円で約二四倍になった。国会でも、二〇一一年三月二九日、片山善博総務大臣がふるさと納税や日赤などを通じて被災地に対する支援を呼びかけている。国会では、その後もふるさと納税が東日本大震災で活用されたことが報告されている(二〇一三年三月一四日)。

ただし、二〇一一年の寄付金額の増加については、震災に対する本来的な寄付だけが理由だったわけではない。その理由は、東日本大震災とともに、自治体が返礼に配る特産物を目当てにした寄付が増えたせいである(「日本経済新聞」二〇一三年四月一三日朝刊)。

なお、ふるさと納税による納入金が実際に何に使われ、どのような効果をあげているのかについては、この当時はあまり明らかにはされていない。もちろん、ふるさと納税では、寄付者がある程度の用途を指定することができる。また国民が税金の用途を選べるということこそが、良くも悪くも、ふるさと納税の重要な特徴でもある。例えば、東京都豊島区では、トキワ荘の改装が使い道とされた。新潟県では、中山間地域の活性化のために三一〇万円の寄付が得られた。これらは、「都市部に暮らす小中学生の生徒を県内の農山漁村に体験学習として受け入れるための環境設備などに利用された」(「日本経済新聞」二〇一一年八月一七日、地方経済面新潟)。

二〇一四年五月一九日の国会では、政府参考人として総務省自治税務局長の米田耕一郎がふるさと納税の現状データを説明している。数字をみる限り、財源を失う大都市について、全体としてふるさと納税による影響は少ないとされ、質問に立った自民党の舞立昇治も「御指摘の通りだと思います」と述べている。その上で、現状では鳥取県と福井県がふるさと納税情報センターを立ち上げ、情報を取りまとめているとし、総務省としても住民に対してアンケートなどをしていく必要性を訴えている。

実はこうしたデータの整備は、その後の政府の行動を考える上で重要になる。ふるさと納税が開始されてしばらく経つまで、政府は具体的な状況をそれほど把握していなかったのである。

6　ふるさと納税の成長前夜

二〇一一年の東日本大震災で寄付金額が伸びた後、二〇一二年と二〇一三年は寄付金額が減少する。ただ、二〇一〇年以前と比べれば、着実な上昇傾向がみてとれることも確かである。二〇一二年末には民主党政権の野田佳彦総理大臣が解散総選挙と総辞職したことに伴い、再び自民党が政権を担うことになる。奇しくも、再び安倍総理大臣と、ふるさと納税を推進した当事者であった菅総務大臣が今度は内閣官房長官として政権に戻る。

二〇一三年には、地方の一三県で組織される「ふるさと知事ネットワーク」が新たな提案を国に行っている。「今は住民税の一割を納める先を選ぶという仕組みだが、これを二割に引き上げるのが一案だ。さらに退職金への適用。一度に税金がかかり、額も大きい。まとめてふるさとに送れれば、意義深いことになるはず」だという(「日本経済新聞」二〇一三年四月二二日朝刊)。このネットワークには、最初のふるさと納税立ち上げに関わった福井県の西川知事も再び含まれている。この背景には、依然として「寄付文化が定着したとは言い難い」状況がある(「日本経済新聞」二〇一三年五月三日、地方経済面長野)。ここでも、ふるさと納税は寄付文化と結びつけられている。

だが、すべての自治体が伸び悩んでいたというわけではない。例えば長野県阿南町では返礼額の大きい対応を始め、問い合わせが殺到していた。三万円を寄付するとコメ一俵(六〇キログラム)が届くという。「町は地元農家からコシヒカリの一等米の場合、六〇キロで一万七〇〇〇円と、通常の出荷価格よりも数千円高く買い取り、農業の活性化につなげる。実質的に町の取り分はない」。とはいえ、阿南町は人口五一〇〇人余り、町税収入は年四億程度であり、ふるさと納税では一億七一三万円が得られた(「日本経済新聞」二〇一三年一一月八日、地方経済面長野)。後に注目されることになる大阪府泉佐野市の記述もこの頃からみられる。「泉佐野市は六月補正予算案に、ふるさと納税の推進へ一億三三〇〇万円を計上した。寄付額に応じた謝礼を三倍強の約一〇〇種類に増やす。ふるさと納税の支援サイト会社にPRを委託し認知度も高める。財政再建に生かし地元産品の知名度向上につなげる」とある(「日本経済新聞」二〇一四年六月四日、地方経済面近畿B)。

目標とする寄付額は二億四〇〇〇万円だが、それ以上を目指したいとし、目標額の半分以上の推進費が計上されている点は注目に値するだろう。また、自分たちで活動するのみならず、支援サイト会社への委託も表明されている。ふるさと納税や寄付を獲得するということが、一つの市場を形成しつつあることをうかがわせる。

さらに、泉佐野市についていえば、格安航空会社のピーチ・アビエーションとの連携も発表している。ふるさと納税の寄付の謝礼として、航空券購入に使えるポイントを付与するサービスを始めるという。泉佐野市には、関西国際空港があるためである。

やはり、二〇一三年ごろが一つの転換点となっているようにみえる。その理由の一つとして、政権交代があったことは重要だろう。

そして二つ目として、制度開始から五年が経ち、徐々に認知が広がってきたことにも意味があった。いずれにおいても、市場化は場所だけ与えればすぐに始まるというわけではないことがわかる。

そして最後に三つ目として、二つ目とも関連してふるさと納税を取り巻くさまざまなサービスが、ネットを中心に形成されてきたことも見逃すことはできない。二〇一三年ごろには、ネット上で返礼品に関するランキングが掲載されるようになっていた。「ふるさとチョイス」が二〇一二年にトラストバンクによって始められ、さらにSBプレイヤーズの出資により「さとふる」が二〇一四年にサービスを開始している。ランキングだけではなく、返礼品に関する情報を提供し、また実際の申請を簡単に行うプラットフォームが形成され始めたのもこの頃であった。こうした環境を作り上げた原動力は、もちろん返礼品である。

ちなみに、SBプレイヤーズはソフトバンクのグループ会社であり、本体であるソフトバンクは、二〇一四年一一月には故郷や応援したい自治体に寄付する「ふるさと納税」業務を代行するサービスも始めている。「各自治体が寄付者に贈る特産品などの「特典」を載せたオンラインモールのような専用サイトを開く。特典の配送手配、寄付者からの問い合わせの受け付けなども自治体から一括で受託する」という。さとふるでは、「利用者は欲しい特典や自治体の取り組みなどをみながら、オンラインショッピングのように気軽に納税先を選べる」。同様に、後には、ふるさと納税の返礼品は「ヤフー！ショッピング」で購入できるようにするという(「日経MJ」二〇一五年四月二二日)。

ふるさと納税という寄付は、こうした新しいサービスに支えられ、返礼品を選ぶ「ショッピング」となりつつあった。すでに「お取り寄せ感覚で寄付する人も多い」(「日本経済新聞」二〇一四年一二月六日朝刊)。

二〇一四年九月二九日の国会では、安倍総理大臣の所信表明演説においてふるさと納税について言及されている。いまや返礼品はプレゼントとして、売り上げを伸ばすきっかけにもなり、ふるさとの名物を全国の人に知ってもらうきっかけにもなった。ふるさと納税の成長に向け、舞台は整ったわけである。

「鳥取・大山の水の恵みを生かした地ビールは、全国にリピーターを広げ、売り上げを伸ばしています。ふるさと納税が御縁となった。ふるさと納税してくれた人たちに、地元が誇る名産品をプレゼントする。自治体の工夫を凝らした努力が、ふるさと名物を全国の人に知ってもらう大きなきっかけとなりました。ふるさと名物を全国区の人気商品へと押し上げる支援をさらに強化いたします。地域ならではの資源を生かした新たなふるさと名物の商品化、販路開拓の努力を後押ししてまいります」

7　ふるさと納税の意味づけの変化

こうして、寄付金額の上昇とともに新聞上の記事数も増加し始める。二〇一四年のヒット商品番付では、西の前頭に「ふるさと納税」が選ばれた(「日経MJ」二〇一四年一二月三日)。

その上で、さらに追い風としてふるさと納税の拡充を行う方針が示される。ふるさと納税をより使いやすくするため、確定申告の省略や、税金が減額される寄付の上限を二倍にすることが検討され、地方活性化策の柱の一つになったのである。

先にみたように、この案自体は、すでに二〇一三年に福井県の西川知事を中心にして、国に提案されている。最初のふるさと納税と同じ形で、彼らの提案が正式に取り込まれていったものと考えることができる。ふるさと納税のその後の成長を決定的にしたのは、これらの政策であろう。

返礼品が増えるに従い、その過剰さにも繰り返し焦点が当てられるようになる。国会では、二〇一四年一一月一三日、「返礼品等の過熱問題」があると指摘されている。これに対し、高市早苗総務大臣は、地域にメリットはあるものの、一方で高所得者に対して行き過ぎたメリットがあるという批判も含め受け止めていると述べている。二〇一五年三月五日には、社民党の吉川元衆議院議員が、問題が多いにもかかわらずなぜ上限を二倍に拡大したのかを問うている。

長野県大桑村の財政係の担当者は「あくまで自治体を応援してもらうための制度なのに、通販のように捉えられている」と話す(「日本経済新聞」二〇一五年八月二二日、地方経済面長野)。世田谷区も同様に、「「単なる自治体運営の通販になっている」という声もある」と述べている

（「日本経済新聞」二〇一六年四月一六日朝刊）。

すでに何度か登場してきた言葉だが、寄付の返礼が、「通販」や「ショッピング」になっているという表現は興味深い。税でもなく、寄付や贈与でもなく、交換の場として市場が生まれている。

二〇一四年度に全国の自治体で最も多くのふるさと納税を集めたのは長崎県平戸市だった。「お礼に配る干物が人気で一四億六二七二万円を集めた。同じく魚介類が人気の佐賀県玄海町が二位、牛肉を配る北海道上士幌町が三位と続いた。特産品を目当てにふるさと納税をする人が多い実態が改めて浮き彫りになった」（「日本経済新聞」二〇一五年五月九日朝刊）。

玄海町は、「仮屋湾の真鯛」によって一〇億円を超える寄付を集めた。このさい、この鯛は仮屋漁業協同組合が提供する品であり、以前は卸会社に納められていた。卸価格は通常一四一三〇〇円ほどだが、町は寄付金を元手に数百円上乗せした価格で買い取る。結果として、「個人客に直接アピールできるうえ、生産者にも還元できる」と仮屋漁協は喜んでいる（「日本経済新聞」二〇一五年七月一一日夕刊）。また、返礼品に使う地元産品の消費と同時に自治体の財源の確保、地元のPRにもつながり「損しない宣伝戦略」ととらえる向きもある（「日本経済新聞」二〇一六年一月一九日、地方経済面新潟）。

多くの商材がふるさと納税のラインナップに加えられるようになったために、今度は同じ自治体の中でも、選ばれやすい商材と選ばれにくい商材が現れてもいた。

例えば、品数を大幅に増やした山口県のある自治体では、生鮮品が人気を集める一方で、一人も希望者がなかった返礼品もでている。自治体間の競争だけではなく、自治体内でも、提供者ごとの競争が新たに生じる。こうした競争は地域の活性化にどのくらい寄与したのだろうか。ちなみに返礼品選定にあたっては不正も起こることになる。

制度の欠陥を突くような試みも報じられている。愛知県小牧市の山下史守朗市長は、小牧市民が小牧市にふるさと納税をするような返礼メニューを作った。一万円を寄付した市民は小牧市内で使える三〇〇〇円分の商品券がもらえる。実は、寄付によって減収となるが、それはすべてが市税の減収となるわけではなく、国の所得税と愛知県の県民税で分担されるのだという。

同様に、群馬県太田市では「市外在住」と「市内在住」で返礼品を分けており、市内向けでも品数を増やして市民の寄付を募るとされる。特に、市内在住の人に対してだけ、北海道稚内市など交流がある自治体の特産品を追加する。

「市民税の流出を防ぐ狙いだ。他の都市の特産品を返礼品として扱うのは全国でも異例という」(「日本経済新聞」二〇一五年一一月二八日、地方経済面北関東)

ふるさと納税に、批判も含めさまざまな意味が生まれ、新しい仕組みが次々と生まれていく。結果として、ふるさと納税は大きく伸びる。二〇一五年には、四〜九月の寄付の合計だけで、四五三億五五〇〇万円に達している。総務省の過剰な返礼品の自粛要請に対しても、「見直しを行う必要はない」と判断した自治体が二七％に上った。むしろ、「返礼品を充実させた（予定を含む）」自治体も一〇・五％あった。

8　制度の外側にある返礼品

総務省による返礼品の見直し要請はいよいよ強まるが、その効果はあまりみられない。商品券やパソコンなどお金に換えやすいものや、豪華すぎるものをお礼としてあまり送らないよう、総務相名で全国の自治体に通知がなされた。寄付という本来の趣旨に反していると判断したためであるという。①商品券や電子マネーなどお金と同じような使い方をする、②電子機器や貴金属、ゴルフ用品、自転車など資産としての価値が高い、③寄付額に対して高すぎる——ものなどが挙げられている。ただし強制力はない。

この通知と前後して、例えばふるさと納税の寄付額で全国有数の千葉県大多喜町は、返礼品として人気の高い「ふるさと感謝券」の内容を見直している。具体的には、従来は一万円の寄付に対して七〇〇〇円分の感謝券を送っていたが、その額を六〇〇〇円に引き下げ、上限も設けた。理由は、返礼率の高さからネットオークションでの転売が盛んになり、総務省からも見直しを求められたためである。

さらに、大多喜町は、二〇一六年五月に入り、ふるさと納税の返礼品として町内限定で使える商品券を贈る特典を廃止すると発表した。同町の商品券は寄付額に対する還元率が高いため人気で、前年度に約一八億円の寄付を集めた。一方で、商品券で高級ブランド品をインターネット販売する業者も現れ、やはり総務省から指摘を受けていた。

同町の商品券は、地元の商店にとっても評判が良かったという。感謝券が出回るようになると、それまで売ったことがないような商品の注文も舞い込んだ。「商品を仕入れたら、お客さんに取りに来てもらう。特需だったよ」と振り返る(「日本経済新聞」二〇一六年五月三一日、地方経済面千葉)。同記事によれば、隣接する勝浦市は、四月から返礼品として「かつうら七福感謝券」を加え、一万円の寄付に対して七〇〇〇円分を贈るようにした。

二〇一六年から二〇一七年の国会での議論は、この頃新たに検討され始めた企業版ふるさと納税を中心にしている。とはいえ、焦点になっているのは、企業版ふるさと納税の是非というよりは、現在の個人版ふるさと納税で生じている返礼品競争についてである。「モラルハザード」(二〇一六年二月二四日)があり、「弊害も大いに議論されている制度」(三月一日)であり、その上で企業版ふるさと納税を始めることは「恥の上塗り」(三月二二日)とされる。

一〇月二七日の国会では、返礼品の過熱化が大変な問題として議論されている。高額または寄付額に対して返礼割合の高い返礼品を送付しないように要請されているものの、こうした通知は全く守られていないという。これに対して、高市総務大臣はふるさと納税制度そのものに言及している。「そもそも、返礼品を送るということは、このふるさと納税制度そのものに組み込まれているものではございません」とし、「各地方団体が独自の取り組みとして行っているもの」だという。この発言は、その後も繰り返しみられる。

ようするに、返礼品を送るかどうかはふるさと納税という制度とは無関係であり、国は管理しない、あるいはできないということである。

こうした中、総務省では徐々にデータの整備が進み始めていたことも窺える。国会では、ふるさと納税がどのように活用されているのかということについて、総務省の自治税務局が取りまとめた活用事例集「ピックアップ！　ふるさと納税」が取り上げられている(二〇一七年二月二一日)。これ自体は精緻なデータというわけではないが、ふるさと納税において何が起きているのか、国はその全体像を捉えることができるようになり始めていた。

9　総務省の反転と泉佐野市との対立

二〇一七年に野田聖子総務大臣に担当が代わった頃から、返礼品への総務省の対応が変わり始める。これまで制度の外部であるとしてあくまで要請や通知にとどめてきた過度な返礼品について、法改正を通じて直接介入し取り締まる意向をみせ始めるのである。

同時期、クローズアップされてくるのが返礼品を巡る総務省と泉佐野市の対立である。

二〇一七年四月二四日の日本経済新聞では、総務省の返礼品の見直し要請に従い、泉佐野市は宝飾品や自転車を取りやめポイントの返礼割合も五割から三割に落とすものの、ポイント自体は継続する方針とある。泉佐野市は、二〇一七年度にはふるさと納税の見込み額が一三五億円となり、ついに全国首位となっていた。二位の宮崎県都農町は七九億円が予想されており、その開きは倍近い。

二〇一八年一一月二二日の国会では、総務省が行ったふるさと納税に関する調査が報告されている。これによれば、返礼割合実質三割超の団体は、前回九月一日調査では二四六団体、一〇月一日の時点でも一七四団体だったものの、今回は一一月一日段階で二五団体にまで大幅に減少している。制度存続のために地方団体が見直しを行ったためだという。総務省では、ふるさと納税の制度見直しもすでに検討され、翌年の通常国会に地方税法改正案を提出したいと述べている。

これに先立って、国会の閉会中、野田総務大臣は「ふるさと納税は存続の危機にある。ショッピングではない」とし、ふるさと納税の抜本的な見直しを表明していた。これに対し、泉佐野市は総務省の調査に回答をせず、なぜ返礼割合が三割なのか、何をもって地場産品とするのかなど、納得できる議論が必要だとする。二〇一九年二月二〇日の朝日新聞には、「総務省と大阪府泉佐野市の対立が過熱している」とある。

問題になっていたのは規制前の駆け込み寄付を狙ったアマゾンのギフト券である。野田大臣から代わった石田真敏総務大臣は、これを身勝手な考えだと強く批判したという。その他、記事では、同様にアマゾンのギフト券を四割つけた静岡県小山町、返礼率五割で旅行ギフトカードを返礼し続けSNSで「最後の闇ふるさと納税」とされた和歌山県高野町なども紹介されている。

二〇一九年二月二七日の予算委員会では、ついに新しい制度のもとでのふるさと納税が説明されている。すなわち、総務大臣がふるさと納税の対象となる地方団体の指定を行うことが定められ、これによって返礼品の内容如何によってはふるさと納税の対象から特定の地域を外すことができるようになる。これまでは強制力のなかった通知にも、強制力を持たせることができるようになったわけである。具体的に条件として検討されているのは、適正に募集を実施すること、返礼品が三割以下であること、そして地場産品であることの三つである。

新しい制度により、結果的に、泉佐野市を含め四市町村が対象から外され、特別交付税についても減額という措置が取られる。これに対して、対象から外された泉佐野市からは強い異論が上がり、訴訟にまで発展する。大阪の吉村洋文知事は、国が後出しジャンケンして、今までやってきたことは無しにして除外するのは乱暴であり、地方分権にも反するという。

二〇一九年六月、制度除外の決定を受けた泉佐野市は、これを不服として係争委員会に審査を申し出る。九月、係争委員会は総務省に対して決定の再検討を勧告するものの、総務省はこれを認めず、泉佐野市は大阪高裁に提訴する。その後二〇二〇年一月の判決では泉佐野市の敗訴となるが、さらに最高裁にまで上がり、六月にはついに泉佐野市が逆転勝訴した。この結果を受け、総務省はようやく対応を見直し、その後泉佐野市の制度への復帰が認められることになった。

訴訟において争点となったのは、寄付に対する返礼品そのものの是非ではない。泉佐野市の過去の返礼品の内容によって、新たな制度への参加の可否が判断されたことに対する「法的効力の遡及」の是非である。

確かに、二〇一九年六月以前は、過度な返礼品は法律的に禁止されていたわけではなく、総務省からは通知や要請が出ていただけであった。当時の高市総務大臣が述べていたように、返礼品を送るということは、制度の外側にあり、各地方自治体による寄付獲得を目指した独自の取り組みである。

これに対して、総務省は、地方財政法の趣旨にもとづき、法律に書いていないからといって何をやってもよいわけではなく、自治体には守るべき則があったと判断したという。

二〇一九年一〇月二一日の日本経済新聞朝刊では、法学者の高木光のコメントとして「法律論としては総務省の除外決定はやりすぎにみえる」とする一方で、常識論としては品位が求められるとし、法律論と常識論をてんびんにかけるとしている。

10 純粋な寄付の増加

ちなみに、泉佐野市の返礼品問題が大きく注目される中、ふるさと納税には返礼品によらない寄付も集まっていたことは特記に値するだろう。

例えば、二〇一九年に焼失してしまった首里城の再建では、ふるさとチョイス上でクラウドファンディングの寄付が募られ、返礼がないにもかかわらず目標の二倍にあたる二億円を超えた。あるいは、犬猫殺処分への対応として、ふるさと納税を活用する自治体もでてくるようになった。また企業版ふるさと納税も利便性の向上が図られ、制度の期限が五年延長されるとともに、税負担を軽減する割合を約六割から九割に拡大するという。

二〇二〇年からのコロナ禍に入ると、新型コロナウイルス対策で寄付を募るサイトをふるさとチョイスなどが立ち上げている。ＥＣサイトは寄付のツールにもなり始めているとされ、医療関係者に対して寄付が集まり始めている。

ふるさと納税が贈与の交換化を推し進めた過程において、その中で純粋な贈与に近い寄付もまた生まれてきたことがわかる。二〇二一年三月八日には、菅総理大臣が子供食堂に言及しつつ、返礼品を伴わないふるさと納税が役立っていると述べている。

11 市場原理の力

本章では、ふるさと納税の開始から今日に至る発展の経緯について、新聞記事と国会議事録をもとにして確認してきた。

繰り返していえば、都市と地方の税収格差の是正を一つの目的として計画されたふるさと納税は、寄付を通じた税金控除という形で制度化され、その後政権交代などによる低迷期を経ながらも、返礼品の充実と相まって大きな「市場」を形成するようになった。返礼品の充実は、本来の趣旨という点からは多くの批判も集めながら、その一方で競争的な環境と各自治体と企業の結びつきによって進展してきた。

ふるさと納税は、今も形式的には寄付である。同時に、返礼品を中心にみれば通販やショッピングであり、私たちの日常的な消費行動とほとんど変わらない。税制とも結びつき、むしろお得な買い物である。

それは寄付文化に悪影響を及ぼすともされるが、一方で、返礼品の充実がふるさと納税の急成長につながり、地元のビジネスを支えるとともに地元商品のＰＲになってきたことも確かであろう。

ここでは、それが良いかどうかということではなく、贈与と交換の強い結びつきを強調したい。返礼品が用意されることで贈与は交換化され、結果として贈与も交換の中で活性化していくという過程が、そこにはある。

ふるさと納税の導入期にあたる二〇〇七年六月一二日の総務委員会で、「市場原理」を危惧する日本共産党の吉川春子参議院議員の発言がみられる。

「私は、今の安倍内閣あるいはその前の小泉内閣が進めている地方自治体に対するいろんな問題が、市場原理を導入しているんじゃないかと。私は、そういう地方政治に対して市場原理を導入するということ自体大問題ではないかと」

これに答えて、前鳥取県知事の片山善博は、市場原理だけで自治体は運営できないとしつつも、一方でこれまではあまりに市場原理がなく、社会主義的なやりかたをしてきたとしている。

市場原理の導入という言葉は、今日ではあまりに日常的ですらある。おそらく、どちらの主張も正しいのだろう。すでに第2章でみたように、ボランティアをめぐっても、小泉純一郎内閣時代に同様の議論が行われていた。そしてふるさと納税をめぐって際立ったのは、一度火がつくと止められないほど破壊力を持った市場原理の力であった。

二〇一九年六月一九日から二一日にかけての朝日新聞において、ふるさと納税の寄付額を大きく増やした岩手県矢巾町の試みが紹介されている。

二〇一六年の春に地域活性化の計画づくりをはじめ、健康の町を売り文句にＰＲをし始めたが、これではダメだと楽天からは評価されたという。そこで楽天からアドバイスをもらうことを決め、月一回ほどのペースで町を調査し、ブランドイメージを考えるために町の職員と会議を重ねた。当初事業者の反応は重かったが、楽天がサポートするＰＲ攻勢やサイトづくりによって口コミが広がり、その成果をみて事業者が参加し始めた。今ではクラウドファンディングで地ビールを作り、ビールフェスも開くようになっている。そして、「返礼品はあくまでハブで、大切なのは人と人とのつながり」であるとまとめられている。

市場原理が入り込んでいく過程としてわかりやすい。後述するように、こうした活動はマーケティングと呼ばれ、一九七〇年以降、営利組織だけではなく公共・非営利組織にも応用されるようになっていった。ＰＲ、調査、ブランド、口コミ――これらはビジネスの現場でなじみ深い言葉ばかりであろう。

そして今では、こうした市場原理は人と人とのつながりにさえ寄与しているとみなされる。

第2章でみたように、今日では、市場と市民社会は、「スイート・カップル」になったのである。

第4章　世界における応援消費

1　世界における消費で応援する行動

前章でみたふるさと納税のような制度は、世界的にみても特殊である。だが、応援したいという気持ちを消費と結びつけるような贈与の交換化や制度化自体は、必ずしも日本に特有の現象というわけではない。

例えばコロナ禍のイギリスでは、Eat out to help out（外食して支援しよう）というキャンペーンが実施されていた。これは日本でも行われていたgo to eatキャンペーンに近く、外食にかかった費用の一部を国が負担する試みである。どちらも個人の倫理的な消費行動だけではなく政府による外食産業支援の政策と結びつき、消費を通じて「支援しよう」「助けよう」という応援消費といえるだろう。

また、消費者行動研究においては、個人の消費行動でアンダードッグと呼ばれる効果が生じることが知られている。これは日本でいうところの判官贔屓であり、地元の小さな企業の製品やサービスを優先して購入しようとする傾向を指す。私がなんとかしなければこの企業はダメになってしまうかもしれない。だから購入しよう、そして応援しようと感じるわけである。

その他、バイ・ローカルといった地産地消に近い消費行動も以前から注目されてきた。より倫理と結びついた消費行動としては、エシカル消費といった言葉が世界では長らく使われてきた。一九八九年からエシカル消費運動を行ってきたイギリスの Ethical Consumer Research Association, Ltd. によれば、一九九九年のイギリスにおけるエシカル消費市場は約一一二億ポンド（約一兆七三〇〇億円）であり、二〇一九年には約四七三億ポンド（約七兆三二〇〇億円）と四倍以上になった。これにさらにエシカルマネーとして協同組合銀行やエシカル投資も加えると、二〇一九年にはその額は約九八一億ポンド（約一五兆一八〇〇億円）に達する。こうしたエシカル志向は、コロナ禍のロックダウンを経てますます高まっているという。

エシカル消費に限らず、昨今のＳＤＧｓの流れもあり、企業だけではなく、消費者の消費行動においても環境を意識することや、倫理を考えることが世界的に重要になっている。環境に優しい製品やサービスを購入することや、そうした活動に熱心だと思われる企業の製品やサービスを購入する消費行動が増えつつある。この際に重要になるのは、自分のために購入するのではなく、その購入を通じて相手企業を含む他者のことを考えられるかどうかという視点である。一般的に、こうした感覚は利己性に対して利他性と呼ばれる。

それからもう一つ、応援消費にみられる倫理的な消費行動や利他的な消費行動は、これまでの研究では政治的消費行動という視点からも議論されてきた。特に購買行動を通じて企業や組織を応援する行動は、バイコット(buycott)と呼ばれる。

いわゆるボイコット(boycott)の対となるバイコットは、しばしばみられる現象でありながら、海外でもあまり研究されてはこなかったが、近年では国ごとの特徴なども明らかにされるようになっている。日本では、ボイコットや不買運動の研究に比べるとバイコットに関する研究はいよいよ少ないが、応援消費との関係でバイコット研究を検討する意義は高まっているように思われる。

そこで以下では、世界における応援消費を知るということで、バイコットに焦点を当てることにしたい。バイコットとボイコットとの違いを海外での研究動向を確認しながら、日本の動向についても探索的な結果を紹介する。バイコットは、これまでみてきた応援消費と必ずしも同じではないが、世界中で進展する新しい消費社会のありようを捉えようという場合には参考になるところが多いだろう。

2　バイコットとは何か

ボイコットは、悪行を行った企業や組織を罰することを目標とするのに対し、バイコットは一般的に彼らの善行に報いるために行われる行動である。特に政治や倫理と結びつけられた消費行動において、バイコットは購買という形を取って現れる。

これまでの研究では、政治的消費主義(political consumerism)としてバイコットとボイコットが説明されている。政治的消費主義とは、倫理的、環境的、政治的に問題があると思われる制度や市場の慣行を変えるために、市場を政治の場として利用すること、あるいは好ましい慣行に対して企業に報いることを意味する。問題がある場合にその企業の製品やサービスを拒否することがボイコットであり、逆に好ましい慣行に報いて購入することがバイコットとなる。一般的に知られてきたのはボイコットの方である。

私たちが日々の生活で製品やサービスを購入するという場合、通常は自身の利己的な効用や満足の最大化が重要になる。これに対して、バイコットの場合には、自身の問題というよりは、利他性として社会や他者の問題を重視することになる。実際には程度問題となるが、より強く社会を志向する場合もあれば、もっと身近な他人のために行動するという場合もあるだろう。

これまでの応援消費の議論と関連付けると、理論的な意味でのバイコットはより強い意味合いを有しており、一方で応援消費という場合には、より身近な行動であることが多い。さらに応援消費の中でも、震災支援や震災支援を行う企業の製品やサービスを購入するという場合にはよりバイコットらしくなり、逆に、ふるさと納税でお肉をもらうという場合や地元の行きつけの飲食店にできるだけ通うといった応援消費は、より軽めのバイコットとみなすことができる。

これまでバイコットとして紹介されてきた具体的な例をあげよう。

古く一九三〇年代のドイツのナチス党のキャンペーンでは、ユダヤ系企業ではなくドイツ系企業から購入することが奨励されていた。また戦後、一九八五年には、オーストラリアとアメリカの核廃絶運動の一環として、核兵器を搭載した船舶の入港を拒否するニュージーランドの製品購入が奨励されたこともある。一九九三年には、フロリダで行われたゲイの権利を守るためのキャンペーンとして、支援企業に対するバイコットが展開された。コロラドでは同様のキャンペーンのためにボイコット運動が行われていたものの、うまくいかなかったという。

また、一九九一年、テレビ番組ツインピークスの人気が落ち、テレビ局が次のシーズンを取りやめることにした際、番組のファンたちが継続運動としてバイコットを始めたとされる。結果的に番組は終わってしまったものの、人々は、口コミや電子掲示板を用い、スポンサー企業の製品を購入するなどした。このようにバイコットの範囲は広い。

これらの事例は、応援消費の文脈でも取り上げられるものだろう。例えば、アメリカで経済的制裁を受けたファーウェイについて、中国では「愛国」的な応援消費が盛り上がった。国産品を優先的に購入することは、バイコットであるとともに今日的に応援消費と呼びうる。同様に、二〇一六年九月五日の日経ＭＪでは、ＬＧＢＴ市場が紹介されているが、そこで取り上げられた「レインボー消費」は、倫理性を伴った応援消費ともいえるだろう。テレビ番組の継続運動は、ファンによる倫理性をあまり伴わない今日的な応援消費の一つだろう。

近年では、バイコットもボイコットも生じた例としてナイキが挙げられる。二〇一八年、ナイキはアメリカンフットボール（ＮＦＬ）のスター選手であるコリン・キャパニックを新広告キャンペーンに起用することを発表した。キャパニック選手は、二〇一六年、アフリカ系米国人に対して警察の暴力があった際、試合での国歌斉唱の際の起立を拒否し話題となっていた。このため、ナイキやキャパニック選手を支持してバイコットに向かう人々と、逆に非難してボイコットを行う人々が現れたという。なお、キャパニック選手は、二〇一六年以降、ＮＦＬの試合に出場できていない。

もう一つ、よりムーブメントに近いバイコットとしてキャロットモブ(carrotmob)がある。キャロットモブは、ソーシャルメディアを活用して気候変動問題を解決しようとしていたサンフランシスコの大学生が始めたものである。

彼は、まず近所の二〇軒以上のコンビニエンスストアをまわり、エネルギー効率化に最も投資することを約束した一店舗を選んだ。そして、ソーシャルメディアを使ってこの情報を拡散し、決まった日にイベントとしてこの店に買い物に行くことを呼びかけた。この活動に賛同した多くの人々が、当日集まることになった。この活動がその後広く知られることになり、アメリカだけではなく世界に広がるとともに、フードマーケットやレストランでも同様の活動が行われるようになった。キャロットモブはその後NPOとしても活動を続けている。

3　バイコットとボイコットを両方行うデュアルコット

一般的に、組織化された活動グループはバイコットよりもボイコットを好む傾向にあり、バイコットについての詳細はあまり議論されてこなかった。また、メディアの興味も対立が生まれるボイコットに集まりやすく、バイコットはみえにくい傾向があった。バイコットという用語自体も統一されているわけではなく、girlcott、procott、reverse boycott、anti-boycottや、あるいはブラックリストに対するホワイトリストという形で提示されてきた。

こうしたことから、バイコットがボイコットに比べて少ない理由や、バイコットの効果、そしてバイコットが実は企業が仕掛けたサクラにすぎないのではないかという指摘にどう答えるのか、といったことなど、まだまだ考察すべき論点は多い。

そもそも、バイコットとボイコットを明確に区別できるのかという議論もある。一般的に、何かの製品やサービスをボイコットすることは、代替品として何かを購入するということでもあり、逆に何かをバイコットする場合には、何かを購入しないことになるからである。このため、研究によってはバイコットとボイコットを分けずに一つの変数として取り扱うこともある。

さらに、バイコットとボイコットを同一視するのではなく、両方行う人がいるという見方もある。すなわち、デュアルコット、デュアルコッターである。

この場合には、デュアルコットがバイコットやボイコットとどのように異なるのか、あるいは同じなのかが新しい問題となる。デュアルコッターはボイコットやバイコットだけを行う人々よりも高いレベルの政治的知識を有し、社会的な寛容性も高いという研究もある。同様に、デュアルコッターはボイコットやバイコットだけを行う人々よりも利他的であるとの見方もある。

これらの研究結果からすると、デュアルコッターは、バイコットだけボイコットだけを行う人々よりも政治的、倫理的な人々だということになる。

4　バイコットやボイコットに関する世界の動向

バイコットとボイコット、それからデュアルコットも含め、それぞれに従事する人々の一般的な属性や、心理的な特徴もさまざまに考察が必要となる。

例えば、バイコットの別表現としてgirlcottが紹介されていたように、属性でいえば女性が取り組みやすいといわれる。応援消費においても、二〇一一年六月二二日の日本経済新聞朝刊には女性が牽引していると紹介されていた。

二〇〇二年から二〇〇三年にかけてヨーロッパで行われたボイコットとバイコットに関する調査データがある。各国のサンプル数には若干のばらつきがあり、最も少ないイタリアで一二〇七サンプル、最も多いドイツで二九一九サンプルとなっている。少し古いデータだが、その後の調査ではバイコットに関する質問項目がなくなり、バイコットを特定する質問が含まれている比較可能な調査は珍しいとされている。

具体的な質問項目は、以下の通りである。「あなたの国における問題を改善することや、物事がうまくいかないことを防ぐためには、様々な方法があります。あなたは、過去一二カ月の間に、以下のことをしましたか。①特定の製品をボイコットした。②政治的、倫理的、環境的な理由で、特定の製品を意識して購入した。」

これらの二つの質問について、それぞれ「はい」か「いいえ」、または「わからない」を回答させる。二つ目の質問ではバイコットという表現は用いられていないが、これをバイコットとして分析している。ヨーロッパにおいても、ボイコットに対してバイコットという表現がそれほど一般的ではなかったことを窺わせる。

これらの質問項目の結果を組み合わせ、バイコットとボイコットを両方行っていると回答したサンプルをデュアルコッターとし、バイコットだけをしている人々とボイコットだけをしている人々と区別する。これにどちらも行っていない人を含めると、全部で四つのグループになる。その上で、国ごとの実施率を並べる(図4)。

バイコットやボイコットを行っていると答えた人々が最も多かったのは、スウェーデンであ

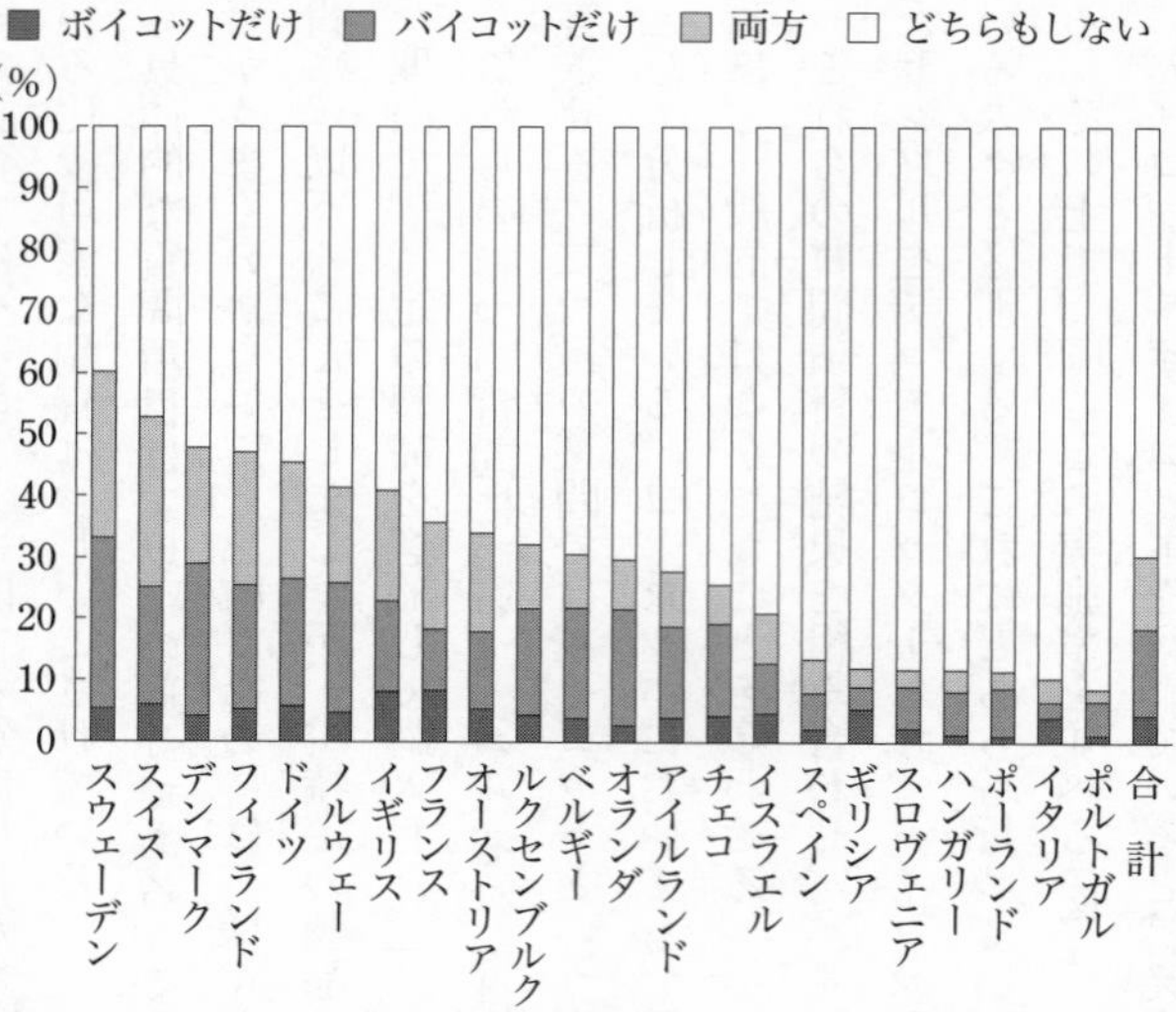

資料：Yates(2011), p. 202 および European Social Survey を元に著者作成

図4　2002–2003年のボイコット・バイコット経験者の割合

る。全体の約六割がいずれかの行動を行っていると答えている。逆に、最も少なかったのはポルトガルであり、全体の七％弱にすぎない。ヨーロッパ全体の平均では、約三割の人々がボイコットやバイコットを行っていることになる。

ただし、ヨーロッパを一つの塊としてみることは妥当ではないかもしれない。ちょうどイスラエルとスペインの間で差が開いており、バイコットやボイコットを行う人々が相対的に少ないのは、旧東欧圏と南ヨーロッパ諸国である。これらの国々は、他の国々と比べて異なる考え方を有しているという。

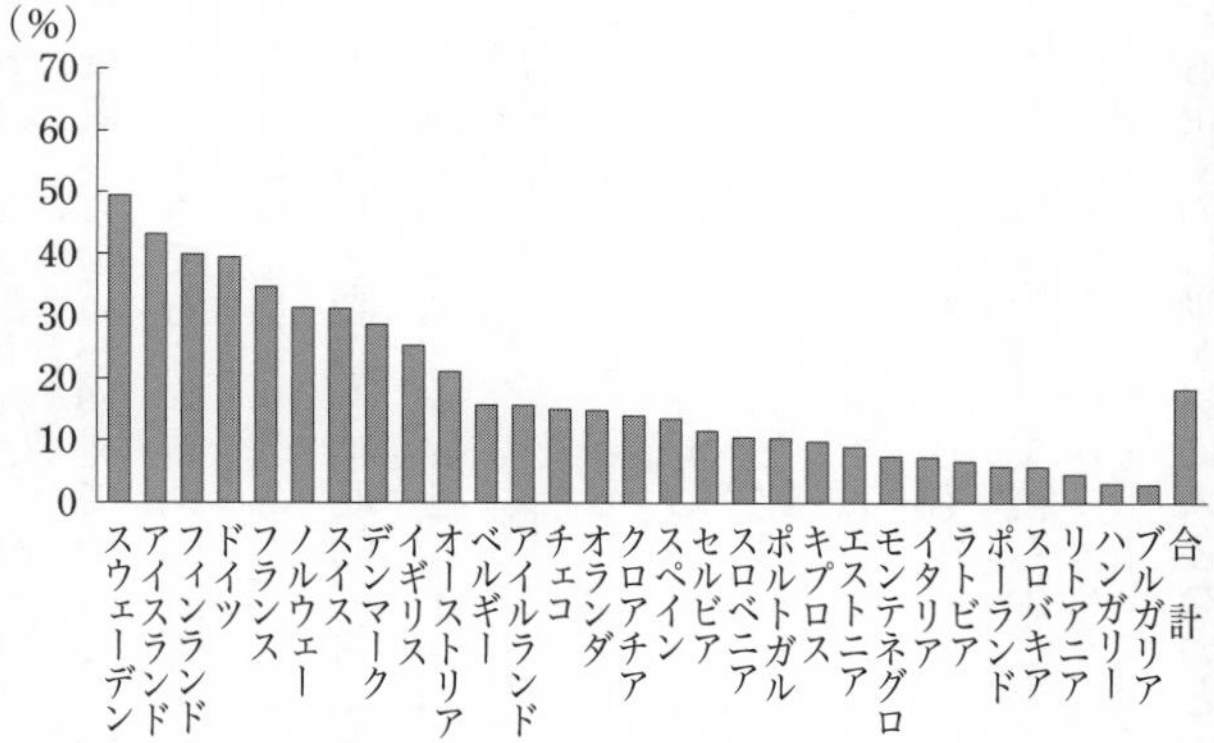

資料：European Social Survey を元に著者作成

図 5　2018 年のボイコットのみ経験者の割合

また全体的な傾向として、ボイコットだけを行う人々の割合はそれほど大きくはなく、バイコットを行う人々や、それからデュアルコットの人々の方が割合的に多い。

その後、二〇一八年のヨーロッパの同様の調査では、ボイコットだけの項目についてデータがある（図5）。参考までにこちらも確認しておくと、まず調査対象国が増えている。とはいえ、最もボイコットを行う人々が多いのはやはりスウェーデンであり、二〇〇二～二〇〇三年の調査から変わっていない。ポルトガルは相対的に順位を上げているが、割合としては引き続き一〇%ほどであり、微増したかもしれないという程度である。最も値が低かったのはブルガリアであり、約三%だった。

これに二〇〇二年から二〇〇三年の傾向がそのま

ま重ねられるとすれば、バイコットを行う人々がさらにいることになり、少なくとも全体としては変わらないか増えていることが予想される。

アメリカでも、同時期の調査を元にした分析がある(図6)。この研究では、NCES(National Civic Engagement Survey)において二〇〇二年の春に行われた三二四六サンプルを中心に、秋にも行われた調査が補助的に対象となっている(Baek 2010)。

これらのうち、ボイコットとバイコットを両方行ったというデュアルコットは七三八人(二二・九%)、ボイコットだけという人は四七八人(一四・八%)、バイコットだけという人は三七五人(一一・六%)、どちらもしなかったという人は一六三四人(五〇・七%)であった。なお総数が合わないのは、他の分析に必要な情報が欠けていたものが除外されているためである。

ヨーロッパの結果と比べると、アメリカはスウェーデンよりは劣るが、二位以降のスイスやデンマークと同程度であるといえる。また、ヨーロッパではバイコットを行う人々の方がボイコットを行う人々よりも多いようにみえるのに対し、アメリカでは逆である。

なお、質問項目の文言も少し異なっているため、まったく同じように比べられるわけではない。ボイコットについては、「あなたは、製品が製造されている状況や、その製品を製造している企業の行動が気に入らないという理由で、何かを買わなかったことがありますか」と聞き、バイコットについては、「あなたは、その企業の社会的あるいは政治的価値が理由で、特定の製品やサービスを買ったことがありますか」と聞いている。細かく比較すれば、ヨーロッパの調査は「倫理」と「環境」を理由として明示しているのに対し、アメリカの調査は「社会的」という言葉か、そもそも状況(condition)や企業の行動(the conduct of the company)が理由として示されており、漠然としたニュアンスで広い意味を持っている。

NCESの調査もこれ以降は同様の調査が行われていないため、その後の状況はつかめない。一方で、アメリカではその後も個別の調査研究が行われ、ほぼ同様の傾向が続いている。

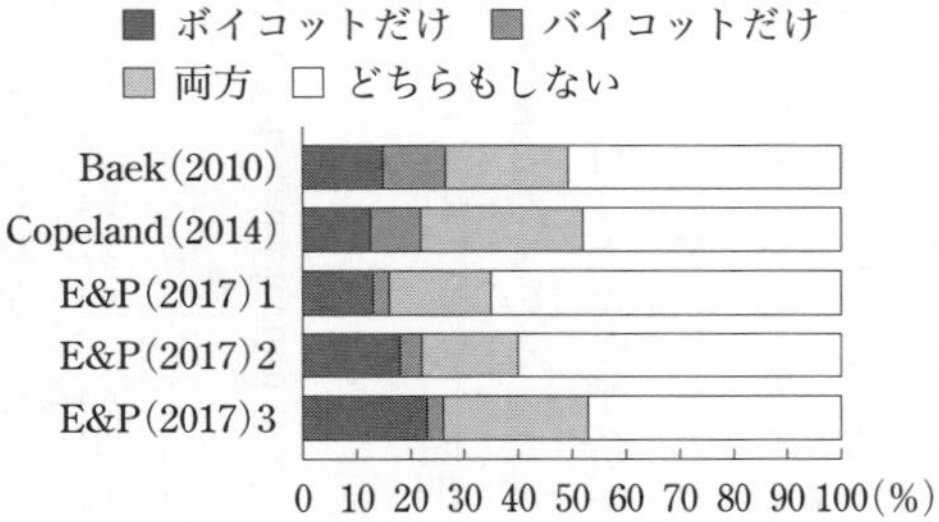

図6 アメリカにおけるバイコット・ボイコット経験者の割合

米国国勢調査を元にして行われたという二〇一一年の調査では、最終的にサンプル数は二二〇〇となった(Copeland 2014)。この結果によれば、欠損値を除き、デュアルコットは六五七人(三〇・二%)、ボイコットだけという人は二七二人(一二・五%)、バイコットだけという人は二〇四人(九・四%)、どちらもしなかったという人は一〇四五人（四八・〇％）であった。デュアルコットの割合が少し上昇しているが、いずれかの行動をとる人々とそうではない人々をみる限り大きな変化はない。こちらはＡＮＥＳ（American National Election Studies）による一二〇〇人とＣＣＥＳ（Cooperative Congressional Election Study）の一〇〇〇人、さらに選挙の投票者を対象とした独自の調査の三九七人からなる三つのデータが用いられている。時期によって若干のばらつきはあるが、先行研究とほぼ類似した傾向であったとされている。ただし具体的にみた場合、一回目と二回目の調査は、バイコットやボイコットを行う人々の割合がやや少なく、その理由は示されていない。

その他、アフリカの九つの国では、おおよそ二七％の人々がボイコットに従事した経験や従事の意向があるとされている。ブラジルでは、一九％の人々がバイコットかボイコットをしている。国によってばらつきはひきつづきあるものの、世界的にみても、バイコットやボイコットを行う人々が一定層存在していることがわかる。

5 バイコットする人々の属性と特徴

表3 政治的消費行動(バイコット・ボイコット)に影響を与える変数

変　数	結　果
教　育	教育が高い方が参加する傾向あり
所　得	影響みられず
年　齢	線型ではなく，中年層が参加する傾向あり
性　別	女性が多い
政治的関心	政治に興味を持つ方が参加する傾向あり
内的エフィカシー	影響みられず
外的エフィカシー	影響みられず
党派性	影響みられず
イデオロギーの強さ	非常にリベラル，非常に保守的な人々は参加する傾向あり
イデオロギーの偏り	リベラルの方が参加する傾向あり
政治的信頼	信頼が低い人の方が参加する傾向あり
組織の仲間からの勧誘	組織的なつながりのある人の方が参加している傾向あり
デジタルメディアの利用	デジタルメディアは参加を促進している

資料：Copeland and Boulianne(2020), p. 12, appendix C より作成

こうしたバイコットやボイコットはどのような人々が行っているのか。当初の研究では、バイコットは女性に多く、ボイコットは男性に多いともいわれてきた。また、年齢は高い方がいずれの行動もとりやすく、年収や社会的地位も高い人々がバイコットにもボイコットにも参加する傾向がみられるという。

先行研究は、人々の属性と特徴を明らかにしている(表3)。ただし、バイコットの研究が相対的に少ないことから、バイコットとボイコットの違いを検討することは

できておらず、一緒に政治的消費主義として捉えている。

教育(大卒や大学院卒といったおおよその学歴)、所得、年齢、性別など多くの変数が検討されている。政治的関心は、政治に関心を持っているかどうか、政治的信頼は政府や国家をどの程度信頼しているのかである。これらのうち、バイコットやボイコットを行う人々は、高学歴、中年層(この結果では示されていないが、年齢が高い方が政治的消費行動をとりやすい)、女性、高い政治的関心と低い政治的信頼といった特徴がみられる。

党派性は支持する政党があるかどうかである。日本では支持政党があるかどうかはあまり議論されないが、アメリカでは共和党と民主党で支持が分かれており、考え方や行動にも違いがみられる。イデオロギーは、党派性とも似ているが、自身を保守的だと感じるかリベラルだと感じるかといった認識であり、それぞれの強さとともに、どちらに偏っているのかによって政治的消費行動への参加が異なるとされる。分析の結果では、全体的にはリベラルの人々の方が政治的消費行動をとりやすく、また保守であっても、その党派性が強まれば政治的消費行動をとりやすい。

組織の仲間からの勧誘は、他者の影響を意味し、最後のデジタルメディアの利用は、ソーシャルメディアの利用も含め、デジタルメディアを利用することが政治的消費行動への参加と結びついているかどうかを意味している。組織的なつながりが重要になることもわかるが、やはりデジタルメディアの利用が政治的消費行動を促進させるとされている。応援消費もまた、情報技術の進歩と結びついていたのであった。

それから、結果として影響はみられなかったものの、項目としてややわかりにくいのはエフィカシーであろう。エフィカシーとは、実効性に対する自身の信念を意味している。すなわち、内的エフィカシーとは、自分が政治を理解し参加するだけのスキルを持っているという信念を意味し、外的エフィカシーとは、政府や企業が実際に対応してくれるという信念を意味する。エフィカシーは寄付やエシカル消費でしばしば用いられる概念であり、やっても意味がない、無駄だといった気持ちだと考えられる。

当然のことながら、寄付をしてもそれが実は誰のためにも役立っていないと思えば、私たちは寄付をしないであろう。この感覚は日本人だけではなく、海外の人々も同様に感じる。政治的消費行動ではあまり関係がないようである。

6 日本におけるバイコットの動向

バイコットについて、日本での動向はまだわからない。様々な理由で企業や国を応援し、製品やサービスを購入するであろう人々は、応援消費という言葉の広がりから推察するに一定数いるものとも思われる。

筆者らは探索的な試みとして、二〇二一年二月一一〜一七日にオンライン調査「fastask」を用いた質問票調査を実施した。二〇代から六〇代までの年齢と性別で均等に割付を行い、一〇三七サンプルを得た。これまでの研究を参考に、「二〇二〇年に、倫理的または政治的な理由で製品、サービス、ブランド、または企業の利用を取り止めましたか」と質問し、ボイコットの有無を確認した。もう一つのバイコットに関する質問では、「二〇二〇年に、倫理的または政治的な理由で、ある製品やブランドを他の製品やブランドよりも購入しましたか」と質問した。つまりはコロナ禍における消費行動である。その上でこれらを組み合わせて、先行研究と同様に四つのグループを作成した。

結果からいうと、その規模はヨーロッパの平均よりも低く、いずれかの行動をとる人々は全体の二割に満たなかった。

ボイコットだけは五三人、バイコットだけは四二人、両方したデュアルコッターは六九人、どちらもしない人は七五八人、覚えていない人は一一五人であった。覚えていない人を除いた割合でいうと、ボイコットだけの人は五・七％、バイコットだけは四・六％、デュアルコッターは七・五％、どちらもしない人は八二・二％となる。

その後追加で、二〇二一年三月一〇〜一七日には、先に回答したサンプルは除くとともに一〇代までを含め同様の調査を実施した。今度は、一五歳から六〇代以上までの各年代と性別で均等に割付を行い、一二四九サンプルを得た。

これらでも、ほぼ同様に、ボイコットだけは六七人、バイコットだけは六四人、両方したデュアルコッターは六三人、どちらもしない人は八七五人、覚えていない人は一八〇人であった。やはり覚えていない人を除いた割合でいうと、ボイコットだけの人は六・三％、バイコットだけは六・〇％、デュアルコッターは五・九％、どちらもしない人は八一・九％となる。

さらに一年後、二〇二二年一月一八〜二二日には、再び最初の調査と同じく二〇代以降を対象とした。二〇二一年と比べるとやや減少したが、傾向として大きな違いはみられなかった。

ボイコットだけは四四人、バイコットだけは六一人、両方したデュアルコッターは七二人、どちらもしない人は八二六人、覚えていない人は一二〇人である。覚えていない人を除いた割合でいうと、ボイコットだけの人は四・四%、バイコットだけは六・一%、デュアルコッターは七・二%、どちらもしない人は八二・四%となる(図7)。

なお、いずれの調査でも、バイコットやボイコットの経験者は、女性よりも男性の方が少し多かった。この点は先にみた海外の研究結果とは異なっている。年齢についても、総じて若い人々の方がバイコットやボイコットを行っていると答えていた。こちらも、先行研究とは異なっている。

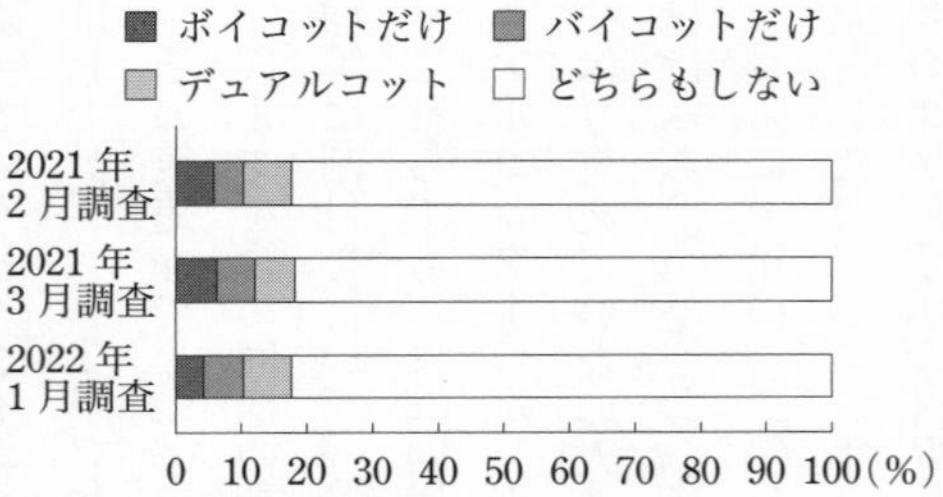

資料：水越他(2021)などを元に作成

図7 日本におけるボイコット・バイコット経験者の割合

今回の調査では、バイコットやボイコットの具体的な中身は確認できていない。したがって、回答者が何をバイコットしたのか、ボイコットしたのか、あるいはそもそも購入したり購入を取りやめる理由は何であったのかについてははっきりとしていない。とはいえ、海外の調査でも同様の曖昧さは残ることを考えると、大まかな傾向についてはみてとれるだろう。

繰り返していえば、二〇二〇年からのコロナ禍の日本において、バイコットやボイコットを行っていた人々は二割に満たない程度である。

これまでみてきたように、応援消費という分類でみた場合には、必ずしも倫理や政治を考慮しない消費行動も含まれる。本書の最初に紹介した二〇二〇年一二月五日の朝日新聞の調査では、一五八一人のうち半数を超える五二％が応援消費をしたのであった。仮にこの調査結果とバイコットの調査結果を比較した場合、応援消費を行ったという人の方が、バイコットを行ったという人よりも割合として大きくなる。バイコット自体もさまざまだが、やはり日本でいわれる応援消費は、バイコットよりも広い意味を含んでいることが予想される。

応援消費の広まりが、今後のバイコットの増加につながるのかどうか、あるいは逆に、バイコットやボイコットに対する意識が日本でも高まってきたのだとすれば、その意識が応援消費とどのように結びついているのか。さらには、応援消費やバイコットが一般的な消費行動とどのように結びついているのか。これらは興味深い問題だろう。

ここには、これまで同様に贈与の交換化をみてとることができるだけではなく、むしろより積極的な意義を見出すこともできる。すなわち、経済に侵食されながら、その中で新たな倫理や道徳が生まれているようにみえるのである。消費行動も十分に利他性を汲んだ倫理を伴うことができるし、そうあるべきだというわけである。

次章からの議論で紹介するように、こうした意識の広がりは、マーケティングの広がりや、さらには市場原理を道具とした統治性という管理の様式に支えられている。

第5章　交換を創り出すマーケティング

1　マーケティングへの注目

ここまで、二〇二〇年からのコロナ禍において再び広まった応援消費という言葉の分析から始めて、応援することと消費することの結びつきを当然とする論理について考察を進めてきた。私たちがそこで見出したのは、応援消費に先立って存在していた寄付やボランティアという言葉であり、実践であり、これらもまた、時間の中で経済や経営と結びつきを強めるようになっていたということであった。

この根幹にあるのは、贈与は贈与のままではいられないという贈与のパラドックスであり、そのパラドックスに対応する制度の存在である。

寄付と消費の区別がつかなくなっていく過程と混乱は、二〇〇八年に日本で始まり、今では応援消費とも結びつくようになったふるさと納税という制度の発展に端的にみることができた。形式的には寄付であるとされながら、一方で返礼品を伴って成長した擬似的な市場は、一度火がつけば税控除の仕組みと相まって急激な拡大をみせた。寄付という建前は社会的な寄付に対する認識とハレーションを起こし、結局は政府の介入と地方自治体の大きな対立に発展した。

同時に、応援することと消費することを結びつける動きは、日本に限らず、世界中で起こってきている可能性についても確認した。政治的消費主義としてのボイコット運動は、近年ではバイコット運動としても展開されるようになっている。国や企業を彼らの製品やサービスを購入することで応援する、応援できるという考え方は、日本の応援消費と同様に、消費に新しい意味を付け足している。

だが、なぜ消費に新しい意味が生まれるのか。実はこの問いを考えることは、マーケティングという現象や思考に注目することでもある。二〇一一年七月二五日の日経ＭＪでは、三越伊勢丹ホールディングス社長の石塚邦雄の応援消費に関するインタビューが載っている。

「今、お客さんは「自分の消費は何なのか」を考えるようになっています。そうした考えに応えていけるような売り場を前面に出していきます」

応援消費は、その好例であるという。短い記述だが、この中にはマーケティングのエッセンスがつめこまれている。

ここでは、三つの点を問い直さなくてはならない。第一に、消費者が、自分の消費について考えるということはどういうことなのか。なぜそのようなことをするのか。第二に、企業が、そうした考えに応えていくとはどういうことなのか。具体的に売り場は何をするのか。そして最後に、どうして応援消費がその好例となるのか。

本章では、マーケティングという現象や思考が、これまでどのように発展してきたのかを確認する。日常用語として、マーケティングが意味するところは総じて具体的で狭い。いわゆるプロモーションや売り込みのテクニックのようなものが該当するだろう。あるいは、市場調査のような言葉と同一視されている場合もある。

それに対してここで議論するマーケティングとは、もう少し歴史的で抽象的なものである。もっとも古めかしい形で定義するのならば、「マーケティングは、資本主義の独占段階における寡占的製造企業が市場の獲得・支配のために行う諸活動の総称である」(森下(一九九三)、一三三頁)とされる。

定番の口上を付け添えておくとすれば、これはわが国のマーケティング研究者において広く共有されてきた認識であり、通称「森下パラダイム」と呼ばれてきた。とはいえもちろん、少なくとも今日的、それからグローバルにみれば、この定義は特殊すぎるだろう。

今では、総じて需要創造、あるいは交換の維持と拡大のための諸活動がマーケティングである。ここには例の「交換」が存在している。アメリカ・マーケティング協会の定義でも同様である。

本章で確認するのは、マーケティングが先の定義から今の定義へと変化していく歴史である。すなわち、「資本主義の独占段階における寡占的製造企業が市場の獲得・支配のために行う諸活動」が、「需要創造、あるいは交換の維持と拡大のための諸活動」へとどのように変化していったのかを捉える。この歴史は、いうまでもなく、この社会において市場原理や新自由主義が浸透していく歴史であり、贈与的なものが交換として整備され制度化されていく過程である。

2　マーケティングの誕生

いくつかのマーケティング史が教えるところによれば、マーケティングの成立は一八八〇年ごろのアメリカであるとされる。あるいは、研究上のマーケティングに限定して考えるとしても、その始まりは一九〇〇年ごろのA・W・ショウやR・S・バトラーといった研究者に求められる。

当時、フォードシステムに象徴されるように大量生産体制の確立に成功したアメリカは、供給がほぼ恒常的に需要を上回るという、かつてない歴史的な出来事に遭遇していた。議論の焦点はまだ貧困や格差にあったとはいえ、それらは『ゆたかな社会』の中でJ・K・ガルブレイスが指摘したとおり、一つの「通念」として、もはや現実から立ち遅れつつあった。問題の焦点は、生産段階でもなく、配給や流通段階でもなく、確実に消費段階へと移りつつあった。

もちろん、市場のメカニズムがうまくはたらくかぎり、過剰供給は一時的な問題として競争を通じて調整され、均衡価格の下で需給の一致をみる。しかしながら、少なくとも現実で起こったのは市場のメカニズムによる調整ではなかった。現実に起こったのは、自由競争段階から独占資本主義による競争段階への移行である。過剰供給が生み出した競争の激化は、特定資本への資本の集積を促進させた。というのも、たとえ市場のメカニズムが機能するとしても、そこには時間が介在する。さらに市場のメカニズムは淘汰のメカニズムでもある。ひとたび生まれた資本の集積は続く競争過程での優位性を作り出し、より巨大な資本を集積させていく。アメリカにおいては、すでに一八八〇年段階から独占資本主義の成立が進み、一九〇〇年初頭においてその確立をみた。

マーケティングが要請されるに至ったのは、まさにこの時期においてである。そもそも、独占段階における過剰供給を打開する方策は大きく二つに分けられる。一つは、国家機構を通じた絶対的市場の拡大であり、当時であれば戦争をも前提とした海外市場の獲得を考えることができる。今日的には、いわゆるグローバル化が該当するだろう。

そしてもう一つは、全体として与えられた一定の市場内部における市場シェア拡大である。市場シェア拡大のためには、自由競争段階に存在していた競争とは次元の異なる競争が必要になる。それは独占資本同士による競争であり、製品差別化を中心とした非価格面での競争である。この後者の選択肢こそ、今日的なマーケティングの原型に他ならない。

フォードとＧＭの優劣関係が逆転する時期において、私たちはマーケティングの本質をみることができる。ＧＭは、デザインを中心とした微細な差異をつくりだすことを通じて、新たな需要を喚起し、消費者の欲望を掻き立てる。いわゆるモードの定式ｕ／ａである。

今、ｕを購買のタイミングを示すリズム、そしてａを物理的な耐久性を示すリズムと考えるのならば、ｕ／ａが一に等しければモードは存在しない。ｕ／ａが一よりも小さいのならば、そこには必要な購買が不可能となる貧困が存在するということになる。モードが存在するのは、ｕ／ａが一よりも大きいとき、すなわち、物理的な耐久性を実質的な制約とせず、購買のタイミングが増加するときである。

ＧＭの戦略こそ、まさに購買のタイミングを増加させることを通じてモードをつくりだし「需要創造」を行うマーケティング活動の端緒だった。

3　消費者至上主義と需要創造

マーケティング論の嚆矢であるショウをもってして、すでにマーケティングは「需要創造」のための活動であると指摘されていた。それは独占段階におけるマーケティングの本質的活動であり、今日でもしばしば指摘されるマーケティングの目的である。

しかし一方で、初期におけるマーケティングはあくまで限られた市場シェアの奪い合いであり、必ずしもGMにみるようなモードの拡大としての「需要創造」を意味していたわけではない。当初の「需要創造」が意味していたのは、寡占的製造企業が流通段階において自社製品を他社製品よりも魅力的であると消費者に認識させ、自社製品への需要を創造しようとしたということであった。

こうしたマーケティングは、高圧的マーケティングとも呼ばれる。高圧的マーケティングとは、とくに初期のマーケティング活動においてみられる誇大な広告、詐術的なセールスマンシップ、過剰サービスに代表される。およそ限られた市場を相手に、類似した他社の製品ではなく自らの製品を売り込まねばならない以上、無駄な製品さえ売り込む説得が必要になったのは当然である。

この考え方は社会的にみて問題を抱えていたといえるが、一九三〇年代に世界恐慌が過剰供給によって引き起こされ、その後コンシューマリズムが高まることでいよいよ転機を迎える。すなわち、高圧的マーケティングから消費者至上主義への転換である。もちろんそれはマーケティングの高圧的側面が消失したということを意味するわけではないが、少なくとも、マーケティングが流通段階ではなく、より川上の生産段階へと関与する契機を与えることになった。

今日でもしばしば語られる「つくったものを売るのではなく、売れるものをつくる」というマーケティングのテーゼがここに生まれる。売れるものをつくるためには、マーケティング活動は企業の最終段階の活動、すなわちつくった後の流通段階ではなく、生産段階からの活動とならなくてはならない。

生産段階にまで拡張されたマーケティング活動は、より長期的な視点を必要とすることになる。生産においては巨大資本の投下が必要であり、巨大資本を投下したのならば、その回収には十分な時間を取らなくてはならないからである。マーケティング活動は戦略的視点を有し、企業活動の根幹としても位置付けられることになる。

とはいえ一方で、短期的に販売を可能にするマーケティングが不要となったわけではない。

マーケティング活動は長期的と短期的の二側面を有することになるが、両者はおよそ相いれない関係にある。短期的なマーケティング活動は売るために製品の陳腐化を伴う。それは、長期的なマーケティング活動を無効にする契機を常に含む。長期的なマーケティング活動は安定的な市場を望むにもかかわらず、結局過剰供給の下に実践される短期的なマーケティング活動は自らの足場を取り崩しつつ実践されなければならない。

長期と短期のマーケティング活動という分裂の原因は、高圧的マーケティングの問題というよりも市場規模の限界にこそ起因している。市場規模に限界があるがゆえに、大企業は市場シェアを獲得すべく高圧的マーケティング活動を駆使して競争を繰り広げねばならないのであった。その競争はマーケティングを経営者の段階にまで引き上げ、消費者至上主義を実現させるもののの、だからといって問題のすべてが解決するわけではない。市場規模の絶対的な拡大が必要なのである。

4　依存効果が示すもう一つの需要創造

高圧的マーケティングでは、顧客は不要な製品やサービスを「むりやり」買わされてしまう。

この論理は、ガルブレイスの『ゆたかな社会』では「依存効果」として示されている。先にもみたとおり、ガルブレイスは消費段階を中心に再構成される社会形態の中心に、宣伝と販売術を通じた欲望操作の可能性をみた。

だが、ガルブレイスは当時の経済学者とも少し異なっていた。彼は、この依存効果による需要創造は限られたパイの獲得争いではなく、そもそも消費者の根本的な欲望の操作活動であり、その活動を通じて消費は際限なく拡大していくとみたのである。

ガルブレイスはいう。

「近代的な宣伝と販売術は、生産と欲望とを一層直接的に結びつけている。宣伝と販売術の目的は欲望をつくり出すこと、すなわちそれまで存在していなかった欲望を生じさせることであるから、自律的に決定された欲望という観念とは全然相容れない」(ガルブレイス(一九五八)、二〇三頁)

「実務家や一般の読者は、わかりきったようなことを私が強調するので、とまどわれるであろう。たしかにわかりきったことだ。しかしこれは不思議なほど経済学者が反対してきたことなのである」(ガルブレイス(一九五八)、二〇四頁)

GMの例が示すように、ガルブレイスの理解は当時すでにわかりきっていたことに違いない。

にもかかわらず、当時の経済学者はなぜ反対してきたのか。
それは、経済学が基本としてきた、生産が欲望に応えるという図式を破綻させてしまうからである。人々が必要とするからこそ、生産を行う。この本来の図式がいつの間にか生産を行いすぎることによって過剰供給となり、過剰供給に対応できる欲望をも作り出さねばならなくなっている。
「生産者は財貨の生産と欲望の造出という二重の機能をもつことになる」(ガルブレイス(一九五八)、二〇四頁)
「昔から理想の社会についていろいろの説があったが、リスの車輪のようなタイプの社会を提案した人はいなかった」(ガルブレイス(一九五八)、二〇八頁)
需要が根本的に創造される、欲望が広告や販売術によってほとんどゼロから生み出されてしまうとすれば、そもそも生産とは何のために行われていたのかということになってしまうとともに、社会の形自体が大きく変わったことを認めなくてはならない。この新しい社会こそが消費社会である。
依存効果の存在は、きっと今となってはいよいよ普通である。生産は需要に応えるためだけではなく、当の需要を生み出しつつそれに対応するという循環として捉えられるようになる。

潜在ニーズ、インサイト、あるいは顧客自身がまだ気付いていない欲望を拾い上げ、製品やサービスとして提供することの重要性は研究でも実務でも多様に語られている。

マーケティングの本質を「創造的適応」として捉えたという初期の研究者であるJ・ハワードもまた、ガルブレイスと同様の世界をすでに見出していたことになる。それはマーケティングの本質と新しい社会の到来を言い当てていたが、これまでにない不思議な世界でもあった。

もちろん、依存効果自体は極端に過ぎることもいうまでもない。ハワードもまた、実はガルブレイスの主張をそのまま受け入れていたわけではなく、むしろ懐疑的であった。消費者は「マーケティング活動による働きかけの対象」であり、かつ「マーケティング目的の実現を阻害する要因」でもある。消費者は、ある製品を買おうと思うこともあれば、買わないと判断することもある。消費は無制限ではない。ガルブレイスにおいては企業の能力やマーケティングが強大すぎる。

マーケティング活動がいかに欲望操作を実現しうるとしても、その可能性は限定的であるという論拠は他にもある。

一つは、競争による効果の相殺である。それぞれの独占資本は自らの製品を売り出すべくマーケティング活動を行うものの、その活動は同様に他の独占資本においても実践される。お互いが自らの製品を新たに主張することは、すなわち相手の製品をそれぞれが否定することと同義である。その結果、それぞれのマーケティング活動はお互いを相殺しあう。

第二に、消費者の側では操作に対する耐性も生まれる。絶えず繰り返されるマーケティング活動は消費者の学習プロセスにやがて組み込まれていく。それゆえ、絶えずマーケティング活動は刷新を強いられることになる。

さらに第三として、両者の相互依存的な関係はお互いにとって思いもかけない新しい可能性さえ引き起こしてしまい、新しい価値が生まれることはもちろん市場環境を変化させていく。マーケティングの需要創造は不完全である。消費者の欲望が拡大するとすれば、それは、企業と消費者の間で相互依存的に生じるということである。これが、マーケティングが創造的適応とされた理由であり、消費に新しい意味が生まれるメカニズムでもある。

商業論者の石原武政は、こうした相互依存的に形成される価値を旧来的な使用価値から区別して「競争的使用価値」とも呼んだ。この概念は、その歴史的経緯からすれば非常に特異な価値の存在を示していた。

5　マーケティング概念の拡張

こうしてマーケティングはいつしか消費者の欲望に働きかける需要創造の術となっていった。この世界では、市場の拡大はこれまでになかった形で可能になる。絶対的に広げるわけでもなく、相手から奪い取るわけでもない。市場そのものが、マーケティングを通じて、顧客との相互依存の中で新しく生み出されるのである。

本章の冒頭でみた三越伊勢丹の問い、第一に、顧客が自身の消費を考え、自身の新たな欲望に気づくこと、第二にそれはしかし企業によって働きかけられた結果でもあり、当の企業はそうして生まれた欲望に適応していくことは、今日的なマーケティングそのものである。さらに第1章では、二〇一一年に始まった応援消費がその後すぐに沈静化していった様子をみた。このとき、新聞紙面上ではその状況を沈静化として紹介しつつも、一方で定着していると表現する広告代理店の視点も紹介されていたのであった。マーケティングは、応援消費を一方で創造し（ようとし）ながら、もう一方で適応し（ようとし）てきたといえるだろう。

この考え方が寡占企業以外にも応用されるようになったとき、マーケティングは次の新しい段階を迎える。もともと営利企業の対市場活動として始まったはずのマーケティングは、それ自体が自らへの需要創造を図る拡張型の概念だった。

実際のマーケティング概念の拡張は、今日ではまさにマーケティング論の伝道師となったP・コトラーによるところが大きい。コトラーらによれば、マーケティングは、これまでビジネス活動の問題として捉えられてきたが、今日では社会的活動においても適用されるべきである。

当時のアメリカでは、非営利組織の数が増えていると共に、フォード財団や世界銀行、カトリック教会やカルフォルニア大学などで営利企業におけるマネジメント手法が積極的に導入されるようになっていた。この中にあって、営利企業と同じように、非営利組織においても生産活動があり、人事活動があり、購買活動がある。ならば、同様に、マーケティング活動もまた必要とされるであろうし、また実際にそうした活動も行われるようになっているとするのである。

彼らは、非営利組織におけるマーケティング・マネジメントについて九つの点を紹介している。これらは、製品(事業)の定義、顧客の選定、競合分析、そして組織としての仕組み作りの大きく四つから構成されているものと考えられる。典型的なマーケティング・マネジメント実行の要素ということになるだろう。

第一に、一般的な製品の定義において、例えば、石鹼会社の製品は「石鹼」ではなく「クリーニング」であり、化粧品メーカーの製品は「リップスティック」や「メイクアップ」ではなく「美」や「希望」である。非営利組織においても、製品をそれ自体として認識するのではなく、その製品が顧客に対して提供する機能や便益で定義する必要があるという。具体的に非営利組織に当てはめていえば、教会が提供するのは「宗教的サービス」ではなく、「人類愛」である。

第二に、一つの組織がすべての顧客に応えることは困難であることから、自らの顧客が誰であるのかを特定する必要がある。すなわち、セグメントとターゲットグループの定義が必要とされる。シカゴのＹＭＣＡは、男性、女性、子どもを含めて、二〇ドルという金額を喜んで支払ってくれる人々をターゲットにしている。その一方で、シカゴのボーイズクラブは、より低所得者層をターゲットにする。

同時に、第三に、ターゲットグループを複数持っている場合、グループごとに製品やサービスの違いを出す必要があるとともに、第四として、顧客行動の精緻な分析を行わなくてはならない。これらはいずれも、顧客の選定に関わっている。

顧客の次に考えなくてはならないのは、競争の存在である。第五に、競争相手に打ち勝つ差別的優位性を確立しなくてはならない。ナッソー(バハマ)の小さな島は、マイアミに対する旅行行動において、より信頼性の高い天候に関する広告によって競争することができる。心臓協会はがん協会に対して、心臓調査の驚くべき進歩を提示することによってファンド調達で競争する。

むろん、第六として、こうした活動は今日のマーケティングにおいては実に多岐にわたる方法が存在しており、ターゲットに対するより効果的で効率的なアプローチが必要とされる。

それからさらに必要とされるのは、これらを組織として統合する仕組みである。第七に、マーケティング活動は統合的に行われなくてはならない。非営利組織の場合、個別の活動が行われていても、その統合がなされていない場合が多い。

第八に、マーケティングの成果は持続的にフィードバックされる必要がある。

最後に、第九として、マーケティングの成果に対して監査を行う必要がある。新しいニーズに対応し、組織そのものが変化していかねばならない。

6　概念拡張論争と交換

コトラーたちによる概念拡張の試みは、マーケティングの対象を従来的な営利企業に限定しようとする論者と論争を引き起こすことになる。コトラーたちが社会的活動もまたマーケティング論の研究対象となることを積極的に主張し、他方では、D・ラックたちによってマーケティングは従来通り経済現象としての取引に焦点を当てるべきだと主張された。

コトラーたちは、ラックたちに応じる形で、マーケティング概念拡張の妥当性を主張している。ラックによれば、マーケティングは、究極的には製品やサービスの購入と販売を問題の中心とする。このさい、マーケティング概念を拡張するということは、購入や販売を中心として活動してきたこれまでのマーケターに対して、利益を得るという罪悪感を与えることになる。これはマーケティングのアイデンティティ危機につながってしまう。そもそも、これまでのビジネス活動もまた社会的活動の一つなのであって、ことさら、両者を区分して概念拡張を目指す必然性はないとされる。

ラックに対して、コトラーたちは、学問が伝統の上に成り立つものであることと、伝統への挑戦によっても発展していくことを示したうえで、二つの点から概念拡張の必要性を主張する。第一に、現在では、マーケティングの学生が営利企業だけのマーケティング活動では満足しないであろうこと、第二に、マーケティングが他の領域でも適用できると示すことは、営利企業のマーケティングにとっても価値のあることであり、ひいては双方にメリットがあるという。

これらの指摘は簡単なものだが、その後もう一つ重要な提案がなされている。それは、拡張に伴って必要となるマーケティングという概念自体の拡張であり、市場取引(market transaction)から交換(exchange)(あるいはより一般的な意味としての取引)への核概念の移行可能性である。

実際のところ、コトラーたちの概念拡張は、当初はマーケティングの概念や方法を他分野にも応用するという形で展開されてきたが、同時に、そのためにマーケティングの概念や方法自体を拡張する、一般化するという意味合いも含んでいた。取引から交換へという移行可能性は、後者の意味での概念拡張がはっきりと打ち出された形になる。マーケティングとは交換であると明確に定義してしまえば、市場取引はもちろん、公共・非営利組織の活動も最初からマーケティングの対象に含まれるというわけである。

コトラーたちの議論に先立ち、交換がマーケティング論の基礎にあるという認識自体は広く共有されていた。古くは、W・オルダースンにおける交換概念の指摘をみることができる。オルダースンによれば、販売の偶然性に付随して交換をいかにして実現するのかという問題が生じ、そのために品揃えを豊富にすることが意味を持つ。

この視点は、交換の実現にとって流通段階の活動が不可欠であることを示しているとみなされてきた。とはいえ、取引・交換という概念が明示化され、より積極的な意味を持ち始めたのは、まさにコトラーたちによる概念拡張と前後してである。

一連の議論に引き続き、コトラーたちはソーシャル・マーケティングを提示し、一般(generic)マーケティングの構築を志向した。ソーシャル・マーケティングでは、社会的目的の実現のために、営利企業も非営利企業も問わず、製品計画、価格設定、コミュニケーション、流通といったマーケティング・ミックスを組み合わせていく必要があるとされる。彼らによれば、もともとソーシャル・アドバタイジングの必要性については、以前から行政などの非営利組織において実施されてきた。しかし、今日求められるのは、広告やコミュニケーションの問題だけではなく、広くマーケティングの問題であると考えられる。

コトラーは、マーケティングは三つの段階を経て、すでに非営利組織におけるマーケティングすら超えて、あらゆる取引・交換を取り扱うことのできる時代に来たともする。

第一段階では、まさに現象としての売買活動が捉えられており、市場での取引が問題とされていた。

やがて、第二段階として、取引関係に付随する売り買いの問題が捨象され、価値あるもののやりとりこそが問題の焦点であると考えられることになった。非営利組織のマーケティングはこの段階に含まれる。

そして、最後に第三段階として、組織と顧客という固定的な関係自体も捨象され、二者間による交換の実現がマーケティングの核概念として取り出されたとする。このことをもって、多様な人々(public)間を取り結ぶ取引・交換をめぐり、広くマーケティングが利用されることになるという。

7 交換としてのマーケティング

マーケティング論者の田村正紀は、アメリカでの論争の経緯をマーケティングの発展の中に位置づけている。すなわち、より現実的に概念拡張が多くの論者に受け入れられることになった理由は、マーケティングに社会的な市民権を与えようとするマーケティングに関わる人々の意識であった。マーケティング活動の高圧的性格を引き続き打ち消すという意味でも、マーケティングの社会性が求められていたわけである。コトラーもまた、今日のマーケティングに対しては外部からの批判が寄せられてきたとしている。まさにガルブレイスたちを取り上げながら、彼らの議論をマーケティングに反映させていく必要があったという。

ちなみに、同時期のもう一つ大きな理由として、概念拡張論争に前後して起こっていた科学論争もまた、マーケティング活動を交換として捉える議論に影響を与えた。もともと歴史的に生じたマーケティングという現象は、その特徴から学問というよりは技芸の一種にすぎないとも考えられてきた。これに対し、マーケティングが学問となるためには、科学として一般理論を有する必要があるとされてきたのである。

コトラーたちによる概念拡張の試みは、意図したかどうかは別にしても、取引・交換という一般理論としての核概念を提示することになった。そして、コトラーたちの議論から取引・交換をより明示的に意識し、S・ハントはマーケティングの科学としての一般理論という視点から議論を再構成してみせる。

ハントは、科学であるのならば一般理論を持つはずだという問いに答え、今、一般理論をもたずとも、一般理論を志向するのならば、その研究は科学たりえるとした。第二に、ではマーケティング論の一般理論とは何かという問いに対して、交換を核概念とするマーケティング一般理論の構築を主張した。そして、第三に、そうしたマーケティング一般理論の中に公共・非営利組織も含めることで、コトラー以来のマーケティング概念拡張論争にも答えたのだった。

交換概念を中心としたマーケティング論の研究対象は、大きく四つの点に集約される。①交換を達成しようとする買い手の行動、②交換を達成しようとする売り手の行動、③交換を達成し、助成する制度的枠組み、④買い手の行動、売り手の行動、そして交換を達成し、助成する制度的枠組みのそれぞれが社会に与える影響、である。そして、これらが営利組織と公共・非営利組織それぞれにおいて探求される。

一九八五年、アメリカ・マーケティング協会は、ここまでの議論を受けて約五〇年ぶりにマーケティングの定義を改定する。それまでは、マーケティングとは生産者から消費者に向けて製品やサービスを方向づけるビジネス活動であるとシンプルに定義されていた。これに対して、新たな定義では、マーケティングは、交換の創造を目指すマーケティング・ミックスをはじめとした諸活動とみなされる。これ以降、公共・非営利組織も含め、マーケティングはいよいよ交換を創り出していくことになる。

マーケティング論者の石井淳蔵は、こうした交換を「透明なモデル」と捉える。歴史的な規定を離れた交換モデルは、科学として、もはやこの社会のありとあらゆる現象をマーケティングの対象とすることを可能にした。「大学は学生と、教会は信者と、夫は妻と、ほとんどすべての社会現象は交換現象と見なすことができる」（石井〔二〇〇四〕、二九二頁）。いうまでもなく、すでにその意味することは二重である。こうした社会現象を交換現象とみなすことができるからマーケティングを応用できるのか、それとも、マーケティングを通じてこれらを交換としてみなせるように働きかけていくのかは、もはやわからない。

この社会の原動力である贈与は、どんなものであれ見出され、意識された瞬間に交換に変わっていく運命にあるのであった。その意味において、不可能なはずの贈与を見出し、意識させ、したがって交換化していく仕組みこそが、マーケティングの思考だということができる。例えば、ふるさと納税のように、寄付に対して返礼品を用意して寄付を増やすこと。あるいはボランティアについても、対価を設定してボランティアを行いやすくすること。そして、応援や支援に対しても消費行為を対応させることで、ウィンウィンの関係を作り出すこと。アイドルやアーティストへの支援や応援も同様である。私たちがこれまでみてきた数々の事例は、贈与のパラドックスを源泉としつつ、陰に陽に交換を創り出そうとするマーケティングのもとで制度化されてきたのである。

今や、マーケティングはありとあらゆる場所に入り込んでいる。特に近年はデジタルの影響が強まっており、コトラーはマーケティング三・〇という名称で公共・非営利組織のマーケティングを位置付けなおした後、続く四・〇や五・〇として、デジタルを前提としたマーケティングを強調するようになっている。

こうしたナンバリング自体が短期的なマーケティングの一つといえるが、それでも少なくとも、マーケティングが交換に関わり、需要創造を目指し続けている現実は変わらない。もっといえば、今日的な情報技術の発展は、もはやマーケティングを後押ししているというだけではなく、例えばバーチャルワールドやメタバースのような新しい需要の場となっているようにさえみえる。この場合には、マーケティングはデジタル上に新しい市場を創り出しつつあるともいえるだろう。

こうしたマーケティングの力は、より一般的には市場原理の一側面として理解される。市場原理は、この社会を動かす力であるとともに、このコロナ禍においても、社会の変化に対して大きな役割を担っていた。だが興味深いことに、市場原理が社会の変化に影響を及ぼすことは、歴史的にみて必ずしも当たり前の話ではない。その歴史を確認しながら、改めてコロナ禍における社会を動かす力について考えることにしよう。

第6章　統治性とマーケティング

1　死の影に対応する応援消費

人類にとって、感染症との戦いは長い歴史である。古代エジプト王朝のラムセス五世のミイラには、天然痘由来のかさぶたの痕跡があるという。黒死病と呼ばれたペストは中世ヨーロッパで猛威を振るい、人口の三分の一から二分の一が失われた。比較的最近でも、一〇〇年前にはスペイン風邪が世界的に流行した。一九一八年から一九二一年にかけ、第一次世界大戦と相まって世界中に広まったスペイン風邪は、世界中で数千万人、日本でも四〇万人という死者を出したとされる。しかもその後も撲滅されたわけではなく、香港型やソ連型に変異し、今日も続くインフルエンザに姿を変えているという。

こうした過去の感染症の歴史を踏まえつつ、経済や経営の未来を考えることには意味がある。例えば、経営学者たちが集まった書籍では、天然痘を例にしながら、ワクチンができれば終息に向かうとしながらも、それまでは混乱が続くとして経営の未来を考察している。同様に、経営学者の清水剛は、スペイン風邪とコロナ禍を比較しながら、死の影が存在していた時代と弱まった時代において、経営や消費行動がどのように変わってきたのかを検討し、コロナ後の世界を見据えようとする。さらに会計学者の國部克彦たちは、ペストの時代の国家像を紹介しつつ、コロナ禍の中でちょうど始まった神戸大学バリュースクールの経験を踏まえ新しい価値の創造方法を模索する。

私たちがこれまでみてきたのは、二〇二〇年からのコロナ禍に大きく広まった新しい価値の一つであり、それ以前から進展していた応援することを可能にした消費であり、この応援消費を象徴とした新たな消費社会である。これもまた、一つに死の影に対する社会の対応の変化であり、価値の創造の結果であるといえるだろう。

本章では、この消費社会について、統治性という概念から検討するとともに、前章でみたマーケティングとの接続についても確認していくことにしたい。

2　感染症と管理の様式

M・フーコーは、これまでの西欧社会における三つの感染症の流行を取り上げ、時代ごとに管理の様式が異なってきたと指摘する。統治性という概念は、こうした感染症に対する社会の対応の仕方と関係している。

一つ目は、中世末までのハンセン病患者の排除である。この排除は、法や統制といった法的総体と儀礼的・宗教的総体によってなされ、ハンセン病にかかっているものとかかっていないものの間に線を引く二項区分的な分割をもたらした。ハンセン病自体は、今日では感染力も低いことがわかっているが、中世においては非常に恐れられた。当時考えられた管理の様式は、「社会の外への投棄、追放＝封じ込め」である。ハンセン病患者を街から排除し、存在しないものとして扱うこと、そうすることで社会そのものが維持されてきた。

二つ目は、ペストである。ペストは典型的な感染症であり、特に中世から一七世紀にかけて統制されてきた。しかし、その管理の様式はハンセン病の時とは異なっている。ペストでは、発生している地域や都市を文字通り碁盤割りにし、人々に対して統制を課す。その碁盤目から、いつ、どのように、何時に出てよいか、自宅では何をしなければならないか、どのような食物を摂らなければならないかが細かく指示される。人々は全員毎日のように視察官の前に姿を見せ、自宅も視察官にみせることが強制される。「外出が禁じられ、違反すれば死刑」「住民は真実を言うべし、違反すれば死刑」である。この管理の様式は規律的であり、人々を訓練する。

そして三つ目は天然痘であり、一八世紀からの接種実践が取り上げられる。天然痘もまた感染症であり、ペストと同様に規律も課されるが、先の二つとは異なりワクチンがすでに存在し、対応に大きな変化がみられる。重要なことは、何人が天然痘に罹っているか、その人々は何歳か、どのような影響が出ているか、死亡率はどの程度か、病変や後遺症はどの程度か、接種を受けた場合のリスクはどの程度か、接種を受けたのに天然痘に罹ってしまう蓋然性はどのくらいかといった、人口一般における統計上の傾向と成果である。このとき、ハンセン病のような排除や、ペストのような防疫隔離の問題でもなく、感染症や風土病を食い止める医学キャンペーンが問題となるとされる。

今回のコロナ禍の場合はどうだったであろう。もちろんいずれの特徴もみられたが、その中でも特に、天然痘にみる管理の様式がより徹底され、ワクチンが開発される前からさまざまな医学キャンペーンが展開されてきた。日々報道されていたように、最も重要なのは地域ごと、国ごとの患者数の増減であり、ＰＣＲ検査の陽性者数や死亡者数、さらには過去と比べた超過死亡率が日々モニタリングされている。患者が増えれば緊急事態宣言となるが、この宣言はハンセン病やペストの時代とは異なり、人々を強制的に排除・隔離するわけではない。店舗への要請も命令も、従うかどうかは店舗の自由である。患者ですら、収容されたホテルを勝手に抜け出て歩き回ることができてしまう。人々の動きを止めるために、国を挙げた医学キャンペーンが展開されるとともに、給付金や補償金が不可欠となり、大規模な財政出動や金融緩和が行われる。

さらに、経済的な配慮は、市場原理がもはや特定の主体による管理の様式を超え、社会の隅々にまで浸透していることと無関係ではない。市場原理は経済の再開を強く切望し、緊急事態宣言や人々の移動制限を難しくする。人の命は、今日では経済の重要性と相克し、人の命と自由も天秤にかけられる。直接的に命が大事だというだけではなく、自由が制限され経済が止まることで人の命が損なわれる可能性までを含め議論の対象となる。

最後の三つ目の管理の様式は、統治性や生権力、あるいは生政治とよばれる。統治性では、誰かが強権を振るうというわけではない。人々は自由に振る舞うことができるが、その具体的な道具立てとして市場や市場原理が重要になる。すなわち、統治性では市場や市場原理を通じて人々が自由に振る舞うことを奨励し、支援する。そしてその自由を通じて、権力は人々に作用するのである。

3 統治性と市場原理

統治性とは、人々の振る舞いを導く(the conduct of conduct)今日的な権力の形である。日常的な用語としての権力は、人々の意に反した強制力を指すのに対し、パノプティコン・モデルとしてよく知られるように、フーコーは人々の主体性そのものを作り出している権力に注目し、これを規律訓練型の権力として捉えようとしてきた。規律訓練型の権力では、権力の志向性が人々に内面化される。主体として自由に振る舞うことができるのは、そもそも権力によってそう振る舞うように訓練されてきたからである。先にみた感染症への対応は、それぞれ一般的な意味での権力と規律訓練型の権力に対応している。ハンセン病では、患者の意に関わらず排除が前提となる。ペストでは厳しい罰則は伴うものの基本的には監視されているだけであり、人々は訓練されて自律的にペストに備えるようになる。

規律訓練型の権力を踏まえつつ、統治性では別の形の権力が提示される。規律訓練型の権力は、規律や訓練という言葉が示すように、もともと闘争や戦争といった戦いの世界観のもとで考案されてきた。また、個人の主体化が重要な問題とされ、具体的な国家や組織における権力についてはあまり議論されてこなかった。これに対して、今日の先進国の多くの国家や政府の諸政策は、戦争のメタファーではなく、むしろ逆に平和のメタファーによって捉えることができる。死を伴う権力ではなく、人々の安全に注目し人々を生かそうとする権力こそが、今日の具体的な国家や政府を捉えるには有用であり、従ってそれは生権力とも表現される。規律訓練と統治性は決して排他的ではないが、異なる側面も有し、規律型社会に変わる管理型社会を提示している。医療社会者の美馬達哉は、コロナ禍を想定しながら、パノプティコン監視とモニタリング監視を分けて論じている。このとき、モニタリング監視では人々はモニタリングされることを承認し、自ら望んでいる点に一つの特徴がある。

統治性のもとでは、権力の形は司牧的であるともされる。司牧的な権力は、根本的に善行を旨とする権力である。司牧は、羊の群れを導く。しかし、司牧は羊たちを強く追い立てるわけでないし、その内面に関与するわけでもない。羊たちは自由に振る舞う。司牧にとって、重要なのは羊一頭一頭ではなく、群れである。国家においては、個人一人一人が問題ではなく、統計技術によって集計される人口が重要な管理の対象となる。

統治性は、その権力の行使にあたり様々な道具を用いる。その一つだと考えられてきたのが、私たちがこれまでも注目してきた市場や市場原理である。市場原理は、人々が市場において自由に振る舞うことを奨励する。そして自由な競争を通じて、より良い社会が形成されると考える。フーコーの思想の中に統治なる概念が存在し、特に新自由主義と結びつけて論じられていることが広く知られるようになったのは一九九〇年代に入ってからだという。このことが一九九〇年代のレーガン・サッチャー型の政府運営への批判的介入と合致したとされる。これまでみてきたように、日本においても同型の政治変化が進んできた。それは市場原理を用いた統治の形だったということになる。

ドイツのオルド自由主義が示すように、市場は疑似—自然現象ではなく人工物である。アメリカの新自由主義では、公共サービスや家族生活のようなこれまで社会的なものと考えられてきた領域にまで、人工物としての市場が拡大し貫入していく。この認識は、私たちが第5章でみたとおりマーケティングの浸透として捉えることができる。そしてこの過程では、知識が人々の振る舞いを導く重要な役割を果たし、正常と異常を区別する基準を提示し、さらには人々が自らの行動を振り返る参照点となる。ふるさと納税を思い出すのがわかりやすい。寄付と返礼品の割合について、どこまでが正常でどこからが異常なのか、その基準は曖昧だが統計情報を通じて構成された知識が判断を下す。一度三割程度という基準が生まれれば、その基準が参照点として位置付けられていく。

市場や市場原理の導入では、国家や政府は人々に対して直接何かを強制するわけではない。さらに、市場に参加することについて、訓練を施すわけでもない。逆に、市場原理の導入は、ボランティアにせよふるさと納税にせよ、自然と人々の振る舞いを導くようにみえる。そこに利己的であれ利他的であれ利害を見出した人々が参加すれば、市場は活性化し、拡大していく。政府はできるだけ関与せず、統計情報を管理することによって間接的に市場の方向性を定める。この点では、いわゆる小さな政府を目指すという新自由主義の一つの形をみることができる。ただしふるさと納税にみたように、大きな問題が生じた時には政府は直接的に強く介入もできるし、法的根拠が曖昧な部分にまで入り込んでくる場合がある。ボランティアの歴史も同様である。公益性という曖昧な部分は、今や国家の侵犯が常態化した。したがって、市場原理は人々の振る舞いを導く権力作用であり、それ自体に良いも悪いもないが、市場原理に無条件に賛同することは、当の作用が権力的で暴力的でもあることを見落とすことになる。権力である以上、そこには人々の意に反する強制力や、あるいはその権力によってふるい落とされる人々の問題が生じるのである。

最初に紹介した國部たちは、カミュの『ペスト』を紹介しながら、「混乱の時期に、政府や企業あるいは学校のような組織に依存することは非常に危険であることに、気づくこと」が重要であると述べる。それは統治性の影響が強まった今日にあっても変わらない。

4　マクロ・マーケティング研究における統治性の考察

マーケティング研究では、マーケティングが交換を主題として拡張を始めて以降、当の交換を批判的に捉える視点は限られてきた。その一方で、とりわけマーケティングを制度として捉えるマクロ・マーケティング研究においては、規律訓練型の権力も含め統治性に関する研究がさまざまに行われてきた。例えば、インドのＭＢＡ教育システムの普及プロセスでは、西洋から導入された市場原理がＭＢＡ教育を通じて人々に内面化されていく過程が捉えられる。さらに、やはりインドでは電子システムがＢＯＰ(Bottom of Pyramid)市場に導入された結果、急激な市場化が生じた一方で二次的な貧困もまた作り出すことになったとされる。市場の形成は主体にも影響を与え、規律訓練とも相まって健康を意識し自らを管理する主体を生み出すとともに、消費行動について責任ある消費者を作り出す。その他、統治性は市場原理の導入という形でソーシャル・マーケティングや公共・非営利組織のマーケティングを後押しし、近年注目されてきた企業と顧客が一緒に活動するという共創の促進に対しても、消費者が新たな労働力として生産過程に巻き込まれている可能性を示す。マーケティング管理としても、統治性は従業員に影響を与えている。失敗に伴う罰の存在はいうまでもなく、上司と部下との定期的なフィードバック面談などでは、規律を内面化させる「告白」の仕組みが駆使されていることが示される。

R・レイトンは、マーケティングをより広くマーケティングシステムとして捉え、持続的で経済的な交換の体系であり、人々やさまざまな実体が結びついたネットワークとして定義している。こうした交換の下では、人々は経済的な利益を最大化しようと自発的に行動する一方で、それはかならずしも最適な結果につながるとは限らず、特にマクロレベルでの社会的幸福を損なうリスクがある。先に述べたインドでの電子システムの導入は、一部の貧しい人々の市場参加を助けた一方で、そもそも電子システムにアクセスできない人々を除外して市場の中でみえないようにすることで、システムに参加できる人々間での格差だけではなく、その外部により大きな格差を作り出すことになった。この論理は、ふるさと納税においても見出されたとおりであろう。市場原理の導入によって、確かに寄付が促進されてきたという側面はある。しかし、それは返礼品をめぐる競争的な市場を作り出し、寄付の贈与としての性格を弱めることにもなった。同時に、ふるさと納税が税金に関連するがゆえに、そもそも納税額の多い富裕層に向けた優遇政策であるともされ、ふるさと納税を行えない人々の不公平感を助長してしまう。

マクロ・マーケティングにおける統治性に関する研究は、こうしたマーケティングシステムの主にネガティブな側面を明らかにしている。しかし、繰り返し述べてきたように、市場原理に良いも悪いもない。マクロ・マーケティング研究では、伝統的に、市場メカニズムは疎外を作り出すとみなされてきたとともに（批判的マーケティング学派とも呼ばれる）、一方で、社会開発のツールとしてもみなされてきた。統治性もまた、それが破壊をもたらすだけであるという考えに基づいて批判の対象とすべきではないといわれる。そのマイナス面とプラス面の両方を考慮する必要がある。

マーケティングシステムは、企業の「社会的利益のための活動」を促進し、経済的利益と社会的利益が両立する新しい道徳を生み出すともされる。統治性は、企業や人々に自由な選択を与えることでうまく機能するが、同時に自由な選択には行動の責任が伴う。このため、一度社会問題が重視されるようになると、企業は自らを守る手段として社会問題に対応するように促され、自然と方向付けられるようになるのである。

もちろん、このような企業の対応は必ずしも本格的なものではなく、自己正当化のための「不純」な側面を持つ。すなわち経済的利益と社会的利益が両立する新しい道徳とは、「本来的な」道徳とは異なった新しい道徳である。この傾向は、企業だけではなく消費者においても同じようにみることができる。環境や社会問題に責任を持つことを求める消費者は、同様のプロセスを通じて形成される。

企業も人々もまた、市場の中で発揮されるようになる新たな道徳や倫理は、それほど強いものではないだろう。このことは、寄付やボランティア、そして応援消費についても当てはまる。そもそも贈与のパラドックスを考慮する限り、根源的な贈与は不可能であるという意味において、存在する贈与の全ては「不純」であって交換的である。重要なことは、市場の中に生まれたこの不純かもしれない新しい道徳や倫理を批判するというよりは、まずはその存在を認め、その特徴を明らかにし、肯定的に受け入れられる形に少しでも変えていくことである。例えば、陰徳が陽徳に変わるということもまた、その選択肢の一つであろう。

5　ソーシャル・マーケティングとの結びつき

市場原理は、マーケティング一般はもとより、公共・非営利組織のマーケティングやソーシャル・マーケティングとも関わっている。こちらも先にみたように、公共・非営利組織のマーケティングやソーシャル・マーケティングは、マーケティング概念の拡張として展開されてきた。マーケティングは、もともと営利企業の活動、特に寡占的製造企業に固有の活動であったが、一九七〇年頃には、そうした活動が多様な組織においても見出されるようになっていたのだった。やがて交換を核概念としたマーケティングは、営利企業のみならず、交換活動一般に対して応用されていく。

拡張の経緯からして、公共・非営利組織のマーケティングやソーシャル・マーケティングにおいて注目されてきたのは、商業マーケティングの応用を通じて、個人の態度変革や社会変革を促す「介入」であった。エイズ対策や禁煙促進、さらには節水活動など社会問題の解決を目指すソーシャル・キャンペーンをはじめ、マーケティング・ミックス全体の組み合わせがさまざまに議論される。例えば、カナダでの禁煙促進に関して、政府の政策として禁煙キャンペーンだけではなく、課税による値上げや販売箇所の制限、製品デザインの規制といったマーケティング・ミックスの有用性が指摘されている。

さらに、ソーシャル・マーケティングは個々人に向けたダウンストリームとして行われるだけではなく、上位機関やステイクホルダーといったアップストリームも対象とする。アップストリームでは、公共政策、規範、規制など、社会構造に影響を及ぼすために働きかけを行う対象への諸活動が含まれる。

アップストリームへの注目では、政府主導のソーシャル・マーケティングも重要な研究対象となる。先のカナダの禁煙促進をめぐる研究でも、問題とされているのはタバコ規制を目指す政府主導のソーシャル・マーケティングであった。ベトナム政府による禁煙促進、ヘルメット規制、飲酒運転対策など五七に及ぶ活動に関する研究では、政府による社会変革を目指す介入は、いかに権力があろうとも摩擦と失敗を生み出すことが明らかにされている。この際に重要になるのは、アップストリームとダウンストリームの二つの活動であり、活動を取り巻く多様なステイクホルダーにより深く注目することだとされる。

アップストリームへの注目は、商業マーケティングの応用対象をいよいよ広げる。たくさんのステイクホルダーが登場することになるとともに、それぞれの主体間の関係性に注目する研究が現れることになる。G・ヘイスティングの研究では、実行組織が多様なステイクホルダーと向きあうマルチ・リレーションシップ・モデルが提示され、最終顧客だけではなく、パートナーや競合相手に対する関係性の構築が求められる。

こうした関係性の構築は、日本においても様々な文脈から考察が進められてきた。マーケティング論者の玉村雅敏や矢吹雄平は、行政活動を捉える上で関係性概念が有用になることを指摘し、日高優一郎は、非営利組織においても多様なステイクホルダーの相互の依存関係が重要になることを指摘している。

これらは、いずれも交換を市場に特有の離散的な取引形態とみなし、これに対して長期的で継続的な非市場的ともいいうる取引形態の存在に、新しい可能性を見出そうとしてきたのである。おそらく、交換の実現の先に見出された関係性の構築という視点は、市場の中で見出された新しい道徳や倫理と似た性格を持つ。それは新しく再構築された関係性であり、市場とカップリングして存在している。

改めて感染症の歴史からみれば、ハンセン病患者からペスト患者への管理の様式の変化に合わせて、すでに労働という経済上の意味が入り込み始めている。ハンセン病患者は癩施設院による隔離を通じてやがて姿を消し、残った施設は他の狂気を収容する場所になるとともに異なる意味を見出していくことになったのだった。

「精神界の風景のなかと同様に人のよりつかぬ監禁地の地誌のなかで、収容施設は、癩施設院にまぎれもなく取って代わったのである。人々は、追放という古来の慣習を、ただし今度は生産と商業中心の世界に復活させた」(Foucault (1975), p. 102)

収容された人々は、排除された人々であるとともに、やがて生産のための労働力に変わっていく。これらは当時の道徳意識によって結びつけられていたという。

二〇二〇年からのコロナ禍においては、統治性という管理の様式がより徹底されるようになった。同時に、コロナ禍において、誰かを応援し支援しようという人々の気持ちが高まった。結果的に、この気持ちがマーケティングに掬い上げられることで交換化されて消費と結びつき、応援消費として立ち現れた。今では、交換の中に、新たな道徳や倫理が存在している。

6　統治性とマーケティングの再接続

統治性は生権力である。死によってではなく、人々を生かすことを目的とし、その目的を望む人々を目的の方向へ導く。市場原理の導入は、そのための有用な政策の一つである。例えばふるさと納税の普及プロセスが示すのは、市場原理の導入を通じて、人々が自ら望んで寄付活動に参加するようになるとともに、地方自治体やその他多くのステイクホルダーがその仕組みの中に組み込まれ、総体として巨大な市場と競争を作り上げていくということであった。ふるさと納税の発展の歴史を参照すると、私たちは統治性とマーケティングという視点の双方が重要になることを確認できる。

繰り返していえば、地域創生や地域の活性化を目指した政府は、ふるさと納税の個々の普及プロセス全てに関わっていたわけではない。むしろ政府の関与は最小限であり、偶発的な要因を元にしながら制度が検討され、拡大しないふるさと納税を刺激することもあるが、政権交代下においては放置され、過熱しても要請や通知だけがなされた。そして本当に最後の最後になって介入が試みられ、訴訟にまで発展する。こうした政府の政策は、単に場当たり的であるとみるよりは、おそらく今日的な統治のスタイルである。一方で、従来のマーケティングやソーシャル・マーケティングは、先のマーケティング・ミックスにみるようにきめ細かい直接的な介入が議論の中心であった。実際には、この二つの動きが重なることによって、市場原理はその力を発揮している。

統治性という観点からは、市場原理だけを導入し、基本的には介入しないという政策を捉えることができる。ふるさと納税の管理においても重要な役割を担った数々の統計指標は、当初は政府では収集されておらず、福井県が独自に収集し公開していただけであった。だが、途中から政府が指標を取り揃えるようになるとともに、このことが各地方自治体の自主的な返礼品見直しにつながり(監視されているという意識を内面化させる)、最後には特定の自治体への罰則的な対応を可能にした。管理の様式は最初から確立されているわけではなく、必要に応じて取り揃えられていくことがわかる。

マーケティングという観点からは、市場原理の導入において、例えば人々や組織がどのように贈与を交換化していったのかという点について、具体的な活動を捉えていくことができる。商業マーケティングの応用は、政府によるふるさと納税の促進という側面においてではなく、市場原理の実際の担い役となった地方自治体と、サービスの受け手として顧客であろうとする人々の間で有効に機能した。交換活動は、送り手だけによって実現されるのではなく、製品なりサービスなりを受け取る相手がいてこそ成立する。ふるさと納税は、寄付を税金控除を経由するとはいえ返礼品という対価を伴う交換活動とみなすことにより、人々の地域を応援したいという潜在的な気持ちにうまく適応したのである。

一度交換活動が見出されれば、地方自治体は寄付者のニーズに応えて返礼品を開発し、例えば心理的コストを取り除いて発注しやすくし、配送の仕組みを整えることになる。そして様々な場面でのキャンペーンを通じて認知を高め、一度だけの寄付ではなく、それこそ長期的で継続的な関係性の構築を目指すようにもなる。さらに、これらは個別に考え実行されたわけでもなく、コンサルタント企業や地場産業、観光産業などさまざまな営利企業を含むステイクホルダーとの関係性の構築によって強固なものとなり、寄付者もまた、ショッピングに似た消費行動をいよいよとるようになる。

ふるさと納税に限らず、応援消費一般についても、統治性とマーケティングという二つの側面から現象を捉えれば、同様の傾向をみることができる。応援消費は、マーケティングを通じて交換としての制度化が進んでいる。人々の応援したいという気持ちと製品やサービスをうまく結びつけ、インターネットを活用した販路の設計やプロモーション施策、さらには理由をつけた値引きや逆に付加価値を提供することで、巧みに欲望が喚起される。第２章でみたような寄付やエシカル消費と結びつけられたコーズ・リレーティッド・マーケティングといった活動や手法もまた、同様に理解することができる。

一方で統治性という観点からみれば、応援消費は政府や国家に強制されているわけではない。失うだけの贈与ではなく、第１章でみたように「ウィンウィンとなる関係」を望んでいるのは、他ならぬ私たちである。交換と結びついていく贈与を本来的なものではないと指摘することはできるが、より重要なことは、贈与のパラドックスに対してどのような管理の様式が与えられていくのかということであり、統治性の観点からは市場原理の意義を検討することである。そのさいには、市場原理の下で生み出されつつある新しい道徳や倫理がどのようなものであるのかを考えることになるだろう。

7　統治性の緩さを捉える

個別具体的なマーケティング施策への注目からは、ただ網の目に絡め取られているわけではないマーケティングや、人々によって生み出される新たな贈与の可能性も見出すことができる。確かに、ふるさと納税の普及プロセスでは、新自由主義に侵食された寄付競争の過激化を見て取れる。寄付の実現は、寄付を促す返礼品市場の形成によって加速されている。この市場や市場での競争では、企業はもちろん、一般の人々もまた、自身の利益を求めて行動する。自治体や企業といった資本を持つものが一方的に利益を得るというわけではない。一般の人々もまた、同様に利益を得るために行動し、お互いが望むことで、まさにウィンウィンとなる関係を築いている。どちらかに問題があるのではなく、統治性はどちらに対しても作用している。

その一方で、統治性では、厳密な統治がなされるというわけではない。むしろ、その権力作用は弱い。このコロナ禍においても、その権力作用は決して強権的というわけではなく、基本的には説得的でキャンペーン的であり、私たちはそれに従うかどうかを選択できるように感じている。そしてむしろ、統治性の維持に際しては、批判を含む多様性や自由こそが逆に必要とされている。

ふるさと納税では、交換を逸脱するような純粋な寄付も新たに生み出されていた。寄付をすることも、応援することも自由である。そこに見返りがない可能性も常にありうる。人々はもちろん、企業や自治体にとって、純粋な寄付は新たな「差別化」でもある。統治性の下では、どんな行動も統治性の維持に向けて再回収される可能性があるが、同時に、どのような行動も自由にとれる。私たちが積極的にとりうる一つの選択肢は、この緩さに対応することであり、もし純粋な寄付や応援を志向するのであれば、その方向に少しだけ力を入れることであるといえる。そこに小さな社会性や新たな価値創造の可能性をたくさん作り出していくことができる。逆に強く踏み込めば、介入の余地が生まれる可能性や、あるいは交換に取り込まれてしまうかもしれない。

応援消費は、ふるさと納税以上に、交換化されるだけではない可能性を持っている。特に二〇二〇年からのコロナ禍では、日本中、世界中に困っている企業や人々が溢れかえっていた。この決して一つには組織化されず、方向付けられない状況にあってこそ、それぞれの現場で、それぞれが少しずつ消費を通じてでも応援しあえることができるようになった。それは地理的に制約されていたというわけでもなく、情報技術の発達によって都市と地方を結ぶことも容易になった。応援消費の対象が拡大し、なんでも応援消費とみなせるようになったのも、一方で交換化の進展でもあるが、一方で大きな交換化に至らない多様な小さな可能性が存在していたということでもある。こうしたたくさんの可能性の芽を急いで一つにまとめあげすぎないこと。もちろんそれも程度問題であろうが、贈与と交換のバランスを考える上で重要になるだろう。

終章

1　消費が応援になる時代の到来

本書では、応援消費という言葉の普及に焦点を当て、この言葉が東日本大震災からコロナ禍を前後してどのようにして広まってきたのかを考察しながら、新しい消費社会の可能性を明らかにしてきた。

私たちの社会は、一九〇〇年ごろ以降（イギリスではそれ以前から）、特にアメリカを先駆けとして消費社会となった。この社会は、生産ではなく、配給や流通でもなく、消費こそが主役となる社会である。改めてガルブレイスの言葉を思い出すならば、あるいはマーケティングの本質を創造的適応とみるならば、私たちは、消費の根源たる欲望を生産しながら、同時にその欲望に応える製品も生産するリスの車輪のような社会に生きている。消費は、今や自分のためではなく、他人や社会のための行動ともなり、応援や支援にまで結びつけられた。

この消費社会という言葉も、これまでみてきたように新聞記事で検索すると、二〇二一年一二月三一日までで五二八三件あった。初出は一九七七年一一月四日の日経産業新聞であり、

「大衆消費社会の終焉」とある。歴史学者の満薗勇は、戦後日本において大衆消費社会が「生活」を食い破っていったとして、消費への欲望が肯定されるようになっていく過程を描いている。とすればこの頃、日本でも消費はいよいよ主役となり、その後今日まで続くような消費社会が動き始めたということかもしれない。記事の頻度でいえば、消費社会という言葉は、その後二〇〇〇年頃にピークを迎え緩やかに減少している。消費社会への社会学的関心という点からは、日本では一九八〇年代から急速に高まったものの、一九九〇年代に入ると長期不況とも相まって関心が低下していったとされる。新聞記事の出現数ともおおよそ対応しているだろう。一九九〇年代にはいり消費社会という言葉への関心は減っていったものの、消費社会がなくなったわけではない。その後もグリーンコンシューマリズムやエシカルコンシューマリズムが広がっていった。私たちが見出したのは、まさにこうした消費社会の変容とマーケティングの浸透であり、広くいえば新自由主義との関わりであった。

あわせて「新自由主義」「リベラリズム」という言葉についても総計を調べておくと、新聞紙面上では一九九〇年代ごろから徐々に増え始めているが、二〇〇〇年後半から大きく伸びた。二〇〇七年にはD・ハーヴェイの『新自由主義』が翻訳され話題となった。そして二〇二一年に一段の伸びを示す。岸田文雄内閣が標榜した「新しい資本主義」に対応するものである。消費社会の方が先行して使われてきたことから考えれば、新自由主義は、消費社会に新しい側面を付け足してきたと考えてもいいのかもしれない。

二〇二〇年からのコロナ禍は、消費社会の回転を止め、もしかすると破壊するものであるように思われた。日本だけではなく世界的な規模において、生産はストップし、配給や流通は遮断され、人々は外に出て消費する機会を奪われた。それは産業恐慌の再来のようにも思われたし、実際に今も多くの困難を生み出しているが、一方で、この社会の回転は決して止まったわけではなかった。生産はすぐに再開し、配給も流通も、そして消費行動も、情報技術の力を借りて急速に回復するとともに、新しい市場さえ作り出している。国家は全力をあげて経済を支援し、企業には手厚い支援を、国民にも給付金を提供し、経済が回り続けられる方法を模索している。その回転する力は想像していた以上に強い。

もちろん、それは悪いことではない。社会が元に戻り、そして改めてゆたかな社会を目指すことができるのであれば、むしろ良いことである。本書で検討したかったのは、この回転の源泉であり、応援消費も生み出したと思われるメカニズムである。

繰り返していえば、応援も含め贈与には、純粋な贈与としてあり続けることはできないというパラドックスがある。贈与のパラドックスは、常に交換との緊張関係を作り出し、今日ではいたるところに交換を見出し創り出そうとするマーケティングの広まりによって贈与の交換化が進んでいるのであった。応援することと消費することは、こうした力によって結びつけられていた。

贈与の交換化は、ただ純粋な自然現象というわけではない。市場はむしろ人工物であり、贈与のパラドックスに対応して発展してきた管理の様式である。この管理の様式は、フーコーが描いた統治性の世界としていよいよその姿を顕わにしている。それは必ずしもパノプティコン・モデルとして示された規律訓練型の一望監視施設の世界ではない。情報技術によってそうした社会も一面として見出すことができるが、基本的な仕組みは一見すると「平和」で「自由」であり、なにより市場である。

D・ライアンは、こうした社会を新たな監視社会の到来であると捉えている。今日の社会は、誰かが一元的にこの社会を監視するわけではない。監視の目は網目状に広がり、企業はもちろん、私たち一人一人もまたその監視者でもあり、同時にデータとして監視されている。誰もがソーシャルメディアの投稿や反応に一喜一憂し、スマホの通知を気にする時代である。パノプティコンに対して、かつての見世物小屋を意味するシノプティコンの社会があちらこちらに再生しているようにもみえる。マーケティングにはリサーチという活動も含まれていることを考えれば、マーケティングの役割もますます増していることがわかる。

こうした社会にあって、私たちは、どのようにより良く生きていくことができるのだろうか。どのようにこのコロナ禍を乗り越え、新しい社会を作っていくことができるのだろうか。寄付も、ボランティアも、そして応援消費もまた、決して純粋な贈与たることはできず、交換化され、市場化される可能性を伴ってしか実現できない。それを嫌だというのならば、改めて選択できるのは、陰徳や自己効用論か、この消費社会からの離脱くらいしかない。マーケティング研究の第一人者であるコトラーは、コロナ禍における変化として、これまで以上にアンチ・コンサンプションが重要になるのではないかと指摘している。アンチ・コンサンプションは、文字通り消費を嫌がるということであり、激しい社会的運動としてではなく、よりソフトな形で消費から離脱する人々の存在は以前から注目されてきた。

確かに、消費の多様性として、このような選択肢はありうるのかもしれない。とはいえ、こうした離脱の志向そのものが、次の欲望の糧でもあり、消費社会の手の内にある。消費を嫌がる人々がどのような人であり、従ってどのような消費行動をとっており、どのような製品やサービスを潜在的に望んでいるのか。エコ、シンプル、ボランタリー、あるいはエシカル。マーケティングは次の需要創造を目指し、飽くなき探究を進めるだけであろう。コトラー自身、例えばソーシャル・マーケティングを通じて貧困をなくすことを標榜し、貧困層が本当は何を必要としているのかを調査し、適切なマーケティングを考えることが重要であるとも述べている。

2　市場と共に生きること

その意味では、この消費社会において、私たちがとりうる重要な選択肢の一つはこうした回収を恐れないことであり、むしろ楽しむことであり、微細な逸脱や遅れを生きることである。例えば、コトラーがかつて示したデ・マーケティングは、ソーシャル・マーケティングにおける需要減退の方法として広く知られるようになったと同時に、数量限定などのアピール手法とも相まって、逆に需要創造の方法でもあることが当初から議論されてきた。禁煙や摂生を求めることはデ・マーケティングであり、タバコへの需要を抑制し、過剰な食事に注意を払うことを私たちに求める。その一方で、食べるなといわれれば食べたくなるのが人間でもあり、マスクが足りないから買いだめしないでといわれれば、逆になくなる前に一刻でも早く買っておかねばと思うのが人間である。

一見するとどちらに転ぶかわからない厄介な問題であるようにもみえるが、S・ブラウンはこの両義性こそマーケティングの面白さであるとして肯定的に捉えていた。「顧客をからかえ」という彼の主張は極端でもあるが、企業にとっても、顧客にとっても、市場に回収されない余白の重要性を説いていると解釈すれば、今日にあっても意義がある。

エシカル消費や、あるいは昨今のSDGsもまた、今では制度化された交換の中にある。仁平典宏が指摘した通り、いつの間にか社会や市民と市場はカップリングしてしまった。それを今一度デカップリングさせようと努力するよりは、むしろカップリングの中で、一つでも多くエシカルであろうと手を打つ方が、今の時代には合っているように思われる。ボランティアもNPOへと形を変えていったが、だからといってボランティアそのものがなくなってしまったわけではない。むしろ制度化され、以前よりも支援や応援をしやすくなった側面もあるだろう。それこそ寄付の文化がなかったという日本にあっては、消費を通じた応援や支援の方がやりやすいかもしれない。消費を言い訳に寄付を行うこともできる。陰徳の文化とも相まって、日本において応援消費という言葉が普及してきた背景には、むしろそれを望む私たちのそれこそ潜在的な気持ちがあったのかもしれない。

制度化された交換の中でも、あるいはこの中でこそ実現可能なエシカルやSDGsがきっとある。形を変えながら、新しい道徳や倫理が生まれているし、ふるさと納税の歴史において紹介してきたように、返礼品競争の中で純粋な寄付もまた増加している。返礼品をもらうことは「本来の」寄付の意味を損なうのかもしれないが、それによって「本来の」寄付が新たに生まれる可能性もある。

応援消費も同様である。応援と消費が結びつくことで、その選択肢がなかった時よりも応援は容易になっただろう。応援される側もしてもらいやすくなったかもしれない。それこそ「僕らにできることは大いに飲んで食べる応援消費」として、一人でも多くの人が「そんな考え方もあるのだ」と気づいたのだとすれば、それは決して悪くはない。重要なことは、この機運を今度はより長く続けながら、市場原理の限界にも目配りを忘れないということである。

贈与のパラドックスは、贈与は見出された途端に交換に変わらざるをえないという贈与の不可能性を示していた。この論理は、モースの贈与論を徹底的に考察したデリダの解釈であったが、贈与論にはさまざまな解釈や理解があり得る。例えば、贈与論の序文を書いたC・レヴィ＝ストロースは、贈与の源泉たる「マナ」はもちろん循環する物ですら神話に過ぎず、より純粋な交換だけの世界を描き出した。その一方で、交易のプロセスを実際に考察したB・マリノフスキーは、巨大な円環を描くクラの交換（big Kura）とは別に、その過程で様々な贈与や小さな交換が副次的に生まれている（secondary trade）ことを記述している。この点はモースにおいても紹介されており、クラの交換とは別に行われるギムワリとよばれるもっと単純な交換もある。

市場原理も同様であるように思われる。徹底すればレヴィ＝ストロース流の透明で巨大なたった一つの交換を描くこともできるであろうし、抵抗を目指してデリダ流の差延の世界を描くこともできる。そしてマリノフスキー流に、巨大な交換について回りながら、付随して生じるさまざまな小さな活動に参加していくこともできる。

市場原理に対して、近年では改めて贈与への期待が高まっているともされる。もちろん、贈与の世界そのものが復活するとは思えないが、例えば贈与と交換の間を埋めうるシェアリングや、音楽共有にみるようなデジタル時代の新しい贈与の世界もまた、マーケティング分野では研究が進んできた。日本でも、交換にはよらないギフトに注目したマーケティングや、自分への贈与であるご褒美消費といった現象がすでに注目されてきた。新しい可能性がこれからも生まれてくるだろう。推し活や推し消費もまた、新しい可能性に違いない。

3　マーケティングを利用すること

もちろん、交換や市場原理にただ呑み込まれていくことに対しては危惧もあるだろう。ソーシャル・マーケティングでは、ダウンストリームの介入だけではなく、アップストリームの働きかけもまたマーケティングとして重要になると指摘していた。ふるさと納税にせよ、あるいは今日的な応援消費にせよ、もしそれが不当に贈与の性格を損なうものであるのならば、私たちはただ離脱や小さな活動を目指すだけではなく、その制度や仕組みに対抗することもできる。そのためにもマーケティングは利用可能であり、あらゆる社会現象を洗練度の差はあれ交換とみなし、介入していくことができる。

世界的に注目されるようになってきたバイコット運動は、その源流はボイコット運動であった。今日にあっても両者は明確には区別できない。バイコットとボイコットの両方を行うデュアルコッターこそが、最も利他性の高い人々であるとも考えられてきたのであった。いうまでもなく、ボイコット運動は、消費に限らず社会への異議申し立てである。当然、バイコット運動もまた、今日的な社会への異議申し立てはもちろん支援ともなりうるのであり、アップストリームへの働きかけとなる。バイコットやボイコットが政治的消費であると考えられてきたのは、これらが選挙の投票行動と同じ役割を果たすからである。ＡＫＢ48の総選挙は、良くも悪くも時代を先取りしていた。これもまた、消費に生まれた新しい意味の一つである。

興味深いことに、応援消費をキーワードとして検索した新聞記事の中にあって、二〇二〇年一〇月一七日の朝日新聞では戦後の消費者運動のエピソードが語られていた。奥むめおを中心とした「不良マッチ追放主婦大会」である。この活動では、マッチ会社の代表十数人、商工省、経済安定本部の担当者が出席し、マッチ会社は主婦たちの訴えを聞いて今後粗悪品を作らないことを約束した。こうした活動との類似点を、今日の応援消費には見出せるという。人々の企業や社会に対する働きかけが、消費という結びつきを梃子にして可能になることを示唆している。

コロナ禍における応援消費の高まりは、アップストリームへの働きも伴っている。ふるさと納税では、一方で批判がありながらも、二〇二〇年になり一時的に返礼率の引き上げを実質的に可能にする補助金助成が実施された。地方や地方の生産者を支援したいと私たちが思えばこそ、政治や制度は選挙によらずともその動きに合わせる。マーケティングにおける創造的適応とは、生産者や行政が顧客に創造的に適応するという意味であると同時に、顧客もまた、創造的に適応できるということである。日本では特にアップストリームへの働きかけは弱いように思われるが、新しい消費社会においてはもっと注目されていくことになるだろう。例えば、中国では過剰になりすぎた推し活や推し消費が共産党統治を揺るがすかもしれないとされ、政府当局から警戒されているともされる。

いずれにせよ、贈与と交換の関係を理解すること。交換や市場が作り出す大きな力について理解すること。その力に働きかけるマーケティングの広まりを知ること。さらには統治性のありように注目すること。その上で、市場原理に無自覚でただ呑み込まれたままでいるのではなく、時には少し抗い、時には沿ってみること。新しい消費社会は世界中にすでに到来しているのであり、その到来はコロナ禍によっていよいよ日本でも目にみえるようになってきた。私たちが興味を持って捉えようとしてきた応援消費は、その象徴的な一例に他ならない。

あとがき

本書は、二〇二〇年からのコロナ禍を大きな契機として執筆された。応援消費という言葉は確かにその前から存在し、その意味や広がりはなんとなくは知っていた。とはいえ、当時はそれほど特別な興味や印象を持っていなかったというのが正直なところである。

日本では、社会に対する震災の影響が本当に大きい。阪神・淡路大震災しかり、東日本大震災しかりである。私の祖父母の家は阪神・淡路大震災で半壊した。東日本大震災では、東京の自宅に帰れず大学の研究室で一夜を過ごすことになった。自宅は、冷蔵庫と食器棚が倒れ、割れたガラスやらなにやらが散乱したままだった。コロナ禍もまたそうした困難の一つであり、私たちの社会は影響を受けている。最近になって、自宅の近くにあってよく通っていた料理屋が閉店してしまった。小さなことかもしれないが、コロナ禍でも、いやコロナ禍だからこそ、できるだけ通おうと思っていた。応援消費に注目し、大事なことだと感じるようになったのは、良くも悪くも新型コロナウイルスのせいであった。

一方で、マーケティング論者として、マーケティングという現象が交換に関係しており、今日の社会において統治の一翼を担っているという認識は長らく持っていた。この認識は、マーケティング論者であれば誰しもが大なり小なり持っており、先人たちが培ってきた多くの研究蓄積がある。本書は、このマーケティング論に通底する問題意識が新型コロナウイルス流行という契機を経て、応援消費という言葉とともに具現化したものである。

本書が特に議論の基礎としているのは、マーケティングと交換の関係を考察し、マーケティングの思考としての意義を示そうとしてきた石井淳蔵神戸大学名誉教授の一連の知見である。氏の議論は、『マーケティングの神話』(岩波現代文庫、二〇〇四年。初出は一九九三年)に始まり、『ブランド　価値の創造』(岩波新書、一九九九年)、『ビジネス・インサイト　創造の知とは何か』(岩波新書、二〇〇九年)、さらには『マーケティング思考の可能性』(岩波書店、二〇一二年)へと展開されてきた。今回、本書が岩波新書としてこれらの書籍と席を連ねることができたことは偶然の折り重なりでもあり、一方で論理を参照しているという点では必然的でもあり、氏の言葉を借りればたぶん偶有的である。

偶有的であることは、この社会を動かす力としても重要である。交換の論理を必然とすれば、贈与の論理は偶然である。どちらも社会を動かす力となるが、どちらかしか選択できないというのならば、社会は安定を求めて必然を選ぶことになるだろう。それはこれまでみてきたとおりである。これに対して、偶有性はどちらでもあり、どちらでもない。偶有的であるのならば、交換の論理の中で贈与的に振る舞うことはもちろん、贈与の論理の中で交換を利用することもできる。ふるさと納税の歴史が示すように、この社会で偶有的であり続けることもまた難しいが、応援消費はその可能性に開かれている。

本書はまた別の意味でも偶有的であり、多くの人との出会いや応援に支えられている。大平修司武蔵大学教授とスタニスロスキー・スミレ東京国際大学准教授からは、東日本大震災以降に広まった応援消費の意義や、コーズ・リレーティッド・マーケティングとの結びつきを学ばせていただいた。コロナ禍になる前からのお二人の議論が本書の一端となっている。さらに、日高優一郎岡山大学准教授には、ふるさと納税の歴史的展開や利他性と利己性の関係について、長くお教えいただいてきた。当時はこうした研究がどのような意味を持つのかわかっていなかったが、今は、それが本書につながっていたことがわかる。その他、日本マーケティング学会のソロモン流消費者行動分析研究会では途中経過の報告を一緒にさせていただき、株式会社碩学舎からは先行版の電子書籍「応援消費の謎」も刊行いただいた。原稿の執筆に際しては、大学院、大学のゼミの方々からもいろいろと情報をもらうことができた。それから新型コロナウイルスのおかげで多くの学会がオンライン開催となり、他分野の学会にも参加し、その分野の知見に触れることができるようにもなった。関係者の皆様には改めてお礼を申し上げたい。

そしてなにより、本書がこうして日の目を見ることができたのは、ご担当いただいた中山永基氏との出会いが大きい。コロナ禍が依然として続き、オンラインでやりとりをする状況下において、氏には本書の出版に向け大変なお力添えをいただいた。どうしても硬くわかりにくい書き方になってしまうところを、読者の視点を入れてうまく捌いていただいた。心よりお礼を申し上げる。なお、読みやすさや紙幅の関係上、グラフデータや細かい出所を省いたところがある。ネット時代であるから検索すればわかるかもしれないが、もし必要があれば別途ご一報いただきたい。

時代は変わる。いずれコロナ禍も過去のことになって、また新しい困難も訪れるであろうけれども、応援消費が続き、広がっていけばいいと思う。その中で、少しだけ応援や贈与に比重が寄せられる社会を目指していきたい。この社会を動かす力となるのは、最後はいうまでもなく人である。

二〇二一年五月

水越康介

参考文献

【第1章】

Friedman, M. (1996) "A positive approach to organized consumer action: The "buycott" as an alternative to the boycott," *Journal of Consumer Policy*, 19, 439–451.

Mizukoshi, K. & Hidaka, Y. (2020) "Pandemic and Ōen Consumption in Japan: Deliberate Buying to Aid the Seller," *Markets, Globalization & Development Review*, 5(3), Article 3.

Stanislawski, S., Ohira, S. & Sonobe, Y. (2015) "Consuming to Help: Post-Disaster Consumption in Japan," *Asia-Pacific Advances in Consumer Research*, 11, 76–79.

神戸大学震災復興支援プラットフォーム編（二〇一五）『震災復興学』ミネルヴァ書房。

松井剛（二〇一三）『ことばとマーケティング——「癒し」ブームの消費社会史』碩学舎。

村松圭一郎（二〇一七）『うしろめたさの人類学』ミシマ社。

渡辺龍也（二〇一四）「「応援消費」——東日本大震災で「発見」された消費の力」『現代法学』二六号、三一一—三四二頁。

【第2章】

Derrida, J. (1992) *Given Time: I. Counterfeit Money*, University of Chicago Press.

Mauss, M. (1925) *The Gift: The Form and Reason for Exchange in Archaic Societies*, Routledge Classics, Kindle Edition.

Stanislawski, S., Sonobe, Y. & Ohira, S. (2014) "Japanese Consumers, Responses to Cause-Related Marketing on Product Packaging," *Japan Forum of Business and Society*, 3, 161-181.

稲葉振一郎（二〇一八）『「新自由主義」の妖怪――資本主義史論の試み』亜紀書房。

大塩まゆみ（二〇一二）『「陰徳の豪商」の救貧思想』ミネルヴァ書房。

大平修司・薗部靖史・スタニスロスキー スミレ（二〇一五）「日本のソーシャル・コンシューマーに関する一考察――寄付つき商品の意思決定プロセスの解明」『流通研究』一七（四）、六一―八九頁。

金澤周作（二〇二一）『チャリティの帝国――もうひとつのイギリス近現代史』岩波新書。

仁平典宏（二〇一一）『「ボランティア」の誕生と終焉――〈贈与のパラドックス〉の知識社会学』名古屋大学出版会。

【第3章】

Uchiyama, Y. (translated by Carl Freire) (2010) *Koizumi and Japanese Politics: Reform Strategies and Leadership Style*, Routlege.

西川一誠（二〇〇九）『「ふるさと」の発想――地方の力を活かす』岩波新書。

【第4章】

Baek, Y. M.(2010)"To buy or not to buy: Who are political consumers? What do they think and how do they participate?," *Political Studies*, 58(5), 1065–1086.

Copeland, L.(2014)"Conceptualizing political consumerism: How citizenship norms differentiate boycotting from boycotting," *Political Studies*, 62(S1), 172–186.

Copeland, L., Boulianne, S.(2020)"Political consumerism: A meta-analysis," *International Political Science Review*, 1–16, online first.

Endres, K. & Panagopoulos, C.(2017)"Boycotts, buycotts, and political consumerism in America," *Research and Politics*, 4(4), 1–9.

Friedman, M.(1996)"A positive approach to organized consumer action: The "buycott" as an alternative to the boycott," *Journal of Consumer Policy*, 19, 214–227.

Friedman, M.(1999)*Consumer boycotts: Effecting change through the marketplace and the media*, New York: Routledge.

Friedman, M.(2001)"Ethical dilemmas and consumer boycotts," *Journal of Social Philosophy*, 32(2), 232–240.

Neilson, L. A.(2010)"Boycott or buycott? Understanding political consumerism," *Journal of Consumer Behaviour*, 9(3), 214–227.

Paek, H. J. & Nelson, M. R.(2009)"To buy or not to buy: Determinants of socially responsible consumer behavior and consumer reactions to cause-related and boycotting ads," *Journal of Current Issues & Research in Advertising*, 31(2), 75–90.

Stanislawski, S., Ohira, S. & Sonobe, Y.(2015)"Consuming to Help: Post-disaster Consumption in Japan," *Asia-Pacific Advances in Consumer Research*, 11, 76–79.

Stolle, D. & Michele Micheletti, M.(2013)*Political Consumerism: Global Responsibility in Action*, Cambridge University Press.

Yates, L. S.(2011)"Critical consumption: Boycotting and buycotting in Europe," *European Societies*, 13(2), 191–271.

水越康介・大平修司・スタニスロスキースミレ・日高優一郎（二〇一一）「日本におけるバイコットおよびボイコットに関する一考察——応援する消費行動の考察に向けて」『ＪＳＭＤレビュー』五（一）、二五—三二頁。

【第５章】

Aaker, D. A. & Day, G. S. eds.(1982)*Consumerism: search for the consumer interest 4th ed.*, Free Press.（谷原修身・今尾雅博・中村勝久訳『コンシューマリズム——消費者の利益のために』千倉書房、一九八四年）

Alderson, W.(1957)*Marketing Behavior and Executive Action*, Richard D. Irwin, Inc.（石原武政・風呂勉・光澤滋郎・田村正紀訳『マーケティング行動と経営者行為』千倉書房、一九八四年）

Bagozzi, R. P.(1975)"Marketing as Exchange," *Journal of Marketing*, 39(4), 32–39.

Barthes, R.(1967) *Système de la Mode*, Éditions du Seuil, Paris.(佐藤信夫訳『モードの体系』みすず書房、一九七二年)

Bartels, R.(1974)"The Identity Crisis in Marketing," *Journal of Marketing*, 38(4), 73-76.

Bartels, R.(1976) *The History of Marketing Thought 2nd ed.*, Grid Inc.(山中豊国訳『マーケティング学説の発展』ミネルヴァ書房、一九九三年)

Ferrell, O. C. & Zey-Ferrell, M.(1977)"Is All Social Exchange Marketing?," *Journal of the Academy of Marketing Science*, 5(4), 307-314.

Galbraith, J. K.(1958) *The Affluent Society* (*Fortieth Anniversary* edition), 1998, Houghton Mifflin.(鈴木哲太郎訳『ゆたかな社会　決定版』岩波書店、二〇〇六年)

Hounshell, D. A.(1984) *From the American System to Mass Production, 1800-1932: The Development of Manufacturing Technology in the United States*, Johns Hopkins University Press.(和田一夫・金井光太郎・藤原道夫訳『アメリカン・システムから大量生産へ　1800-1932』名古屋大学出版会、一九九八年)

Howard, J. A.(1973) *Marketing Management: Operating, Strategic, and Administrative 3rd ed.*, Richard D. Irwin, Inc.

Hunt, S. D.(1976) *Marketing Theory*, Grid, Inc.(阿部周造訳『マーケティング理論』千倉書房、一九七九年)

Keefe, L. M.(2004)"What is the meaning of 'Marketing'," *Marketing News*, 38(15), 17-18.

Kotler, P. & Levy, S. J.(1969a)"Broadening the Concept of Marketing," *Journal of Marketing*, 33(1), 10-15.

Kotler, P. & Levy, S. J.(1969b)"A New Form of Marketing Myopia: Rejoinder to Professor Luck," *Journal of*

Marketing, 33(3), 55–57.
Kotler, P. & Zaltman, G. (1971) "Social Marketing," *Journal of Marketing*, 35(3), 3–12.
Kotler, P. (1972) "A Generic Concept of Marketing," *Journal of Marketing*, 36(2), 46–54.
Kotler, P., Kartajaya, H. & Setiawan, I. (2010) *Marketing 3.0: From Products to Customers to the Human Spirit*, Wiley.
Kotler, P., Kartajaya, H. & Setiawan, I. (2016) *Marketing 4.0: Moving from Traditional to Digital*, Wiley.
Kotler, P., Kartajaya, H. & Setiawan, I. (2021) *Marketing 5.0: Technology for Humanity*, Wiley.
Luck, D. J. (1969) "Broadening the Concept of Marketing: Too Far," *Journal of Marketing*, 33(3), 53–55.
Shaw, A. W. (1915) *Some Problems in Market Distribution 3rd.*, Cambridge, 1951. Massachusetts Harvard University Press.(伊藤康雄・水野裕正訳『市場配給の理論』文眞堂、一九七五年)
Tedlow, R. S. (1990) *New and Improved: The Story of Mass Marketing in America*, Basic Books, Inc.(近藤文男監訳『マス・マーケティング史』ミネルヴァ書房、一九九三年)
石井淳蔵(二〇〇四)『マーケティングの神話』岩波現代文庫。
石井淳蔵(二〇一〇)「価値の創発と創造的適応」『マーケティング・ジャーナル』二九(四)、二―一四頁。
石井淳蔵・栗木契・嶋口充輝・余田拓郎(二〇一三)『ゼミナール　マーケティング入門　第二版』日本経済新聞出版。
石原武政(一九八二)『マーケティング競争の構造』千倉書房。
石原武政(一九九六)「消費の実用的理由と文化的理由」石井淳蔵・石原武政編著(一九九六)『マーケティング・ダ

イナミズム』白桃書房、一七五―一九四頁。

薄井和夫(一九九七)「マーケティング史研究の現状と課題に対する一考察」『社会科学論集』、第九〇号、一三―四四頁。

薄井和夫(一九九九)『アメリカマーケティング史研究――マーケティング管理論の形成基盤』大月書店。

栗木契(二〇〇三)『リフレクティブ・フロー――マーケティング・コミュニケーション理論の新しい可能性』白桃書房。

嶋口充輝(一九八四)『戦略的マーケティングの論理』誠文堂新光社。

嶋口充輝・石井淳蔵・黒岩健一郎・水越康介(二〇〇八)『マーケティング優良企業の条件――創造的適応への挑戦』日本経済新聞社。

田村正紀(一九七一)『マーケティング行動体系論』千倉書房。

田村正紀(一九七七)「マーケティングの境界論争」『国民経済雑誌』第一三五巻第六号、九五―一〇四頁。

正村俊之(二〇一四)『変貌する資本主義と現代社会――貨幣・神・情報』有斐閣。

森下二次也(一九九三)『マーケティング論の体系と方法』千倉書房。


【第6章】

Andreasen, A. R. (2006) *Social Marketing in the 21st Century*, Sage.
Bagozzi, R. P. (1975) "Marketing as Exchange," *Journal of Marketing*, 39 (4), 32-39.

Dean, M. (1999) *Governmentality: Power and Rule in Modern Society*, London: Sage.
Deleuze, G. (1995) *Negotiations 1972–1990*, New York: Columbia University Press.
Fougère, M. & Skålén, P. (2013) "Extension in the Subjectifying Power of Marketing Ideology in Organizations: A Foucauldian Analysis of Academic Marketing," *Journal of Macromarketing*, 33(1), 13–28.
French, J. & Gordon, R. (2015) *Strategic Social Marketing*, Sage.
Foucault, M. (1975) *Surveiller et punir: Naissance de la prison*, Gallimard.（田村俶訳『監獄の誕生―監視と処罰』新潮社、一九七七年）
Foucault, M. (2002) *Abnormal: Lectures at the Collège de France 1974–1975*, Palgrave Macmillan.（慎改康之訳『ミシェル・フーコー講義集成〈5〉異常者たち（コレージュ・ド・フランス講義 1974-1975）』筑摩書房、二〇〇二年）
Foucault, M. (2003) *Society Must Be Defended: Lectures at the Collège de France 1975–1976*, trans., G. Burchell,: Palgrave Macmillan.
Foucault, M. (2007) *Security, Territory, Population: Lectures at the Collège de France 1977–1978*, Palgrave Macmillan.（高桑和巳訳『ミシェル・フーコー講義集成〈7〉安全・領土・人口（コレージュ・ド・フランス講義 1977-1978）』筑摩書房、二〇〇七年）
Foucault, M. (2008) *The Birth of Biopolitics*, Palgrave Macmillan.（慎改康之訳『ミシェル・フーコー講義集成〈8〉生政治の誕生（コレージュ・ド・フランス講義 1978-1979 年度）』筑摩書房、二〇〇八年）

Giesler, M. & Veresiu, E.(2014)"Creating the Responsible Consumer: Moralistic Governance Regimes and Consumer Subjectivity," *Journal of Consumer Research*, 41(3), 840–857.

Goldberg, M. E.(1995)"Social Marketing: Are We Fiddling While Rome Burns?," *Journal of Consumer Psychology*, 4(4), 347–370.

Hastings, G.(2003)"Relational Paradigms in Social Marketing," *Journal of Macromarketing*, 23(1), 6–15.

Hidaka, Y. & Mizukoshi, K.(2018)"From Social Marketing to Societal Perversion: History of Hometown Tax in Japan," *Markets, Globalization & Development Review*, 3(1), Article 3.

Kennedy, A.-M. & Parsons, A. G.(2012)"Macro-social Marketing and Social Engineering: A Systems Approach," *Journal of Social Marketing*, 2(1), 37–51.

Kotler, P. & Levy, S. J.(1969)"Broadening the Concept of Marketing," *Journal of Marketing*, 33(1), 10–15.

Kotler, P. & Zaltman, G.(1971)"Social Marketing: An Approach to Planned Social Change," *Journal of Marketing*, 35(3), 3–12.

Layton, R. A.(2007)"Marketing Systems; A Core Macromarketing Concept," *Journal of Macromarketing*, 27(3), 227–242.

Mittelstaedt, J. D., Shultz II, C. J., Kilbourne, W. E. & Peterson, M.(2014)"Sustainability as Megatrend: Two Schools of Macromarketing Thought," *Journal of Macromarketing*, 34(3), 253–264.

Mittelstaedt, J. D., Kilbourne, W. E. & Shultz II, C. J.(2015)"Macromarketing Approaches to Thought Development in Positive Marketing," *Journal of Business Research*, 68(12), 2513–2516.

Shamir, R.(2008)"The Age of Responsibilization: On Market-Embedded Morality," *Economy and Society*, 37(1), 1–19.

Skålén, P.(2009)"Service Marketing and Subjectivity: The Shaping of Customer-Oriented Employees," *Journal of Marketing Management*, 25(7–8), 795–809.

Skålén, P., Fougère, M. & Fellesson, M.(2007) *Marketing Discourse: A Critical Perspective*, London: Routledge.

Truong, V. D.(2016)"Government-led Macro-social Marketing Programs in Vietnam; Outcomes, Challenges, and Implications," *Journal of Macromarketing*, 37(4), 409–425.

Uchiyama, Y.(translated by Carl Freire) (2010) *Koizumi and Japanese Politics: Reform Strategies and Leadership Style*, Routlege.

Varman, R., Saha, B. & Skålén, P.(2011)"Market Subjectivity and Neoliberal Governmentality in Higher Education," *Journal of Marketing Management*, 27(11–12), 1163–1185.

Varman, R., Skålén, P. & Belk, R. W.(2012)"Conflicts at the Bottom of the Pyramid: Profitability, Poverty Alleviation, and Neoliberal Governmentality," *Journal of Public Policy & Marketing*, 31(1), 19–35.

Walters, W.(2012) *Governmentality: Critical Encounters*, Routledge.

Zwick, D., Bonsu, S. K. & Darmody, A.(2008)"Putting Consumers to Work: 'Co-creation' and new marketing govern-mentality," *Journal of Consumer Culture*, 8(2), 163–196.

清水剛（二〇二一）『感染症と経営』中央経済社。

國部克彦・玉置久・菊池誠編（二〇二一）『価値創造の考え方』日本評論社。

玉村雅敏（二〇〇五）『行政マーケティングの時代』第一法規。

中川功一編（二〇二〇）『感染症時代の経営学』千倉書房。

中山元（二〇一〇）『フーコー――生権力と統治性』河出書房新社。

箱田徹（二〇一三）『フーコーの闘争――〈統治する主体〉の誕生』慶應義塾大学出版会。

水越康介・藤田健編（二〇一三）『新しい公共・非営利のマーケティング――関係性にもとづくマネジメント』碩学舎。

美馬達哉（二〇二〇）『感染症社会――アフターコロナの生政治』人文書院。

矢吹雄平（二〇一〇）『地域マーケティング論』有斐閣。


【おわりに】

Achrol, R. S. & Kotler, P. (2017) "Extending the Marketing Dialog on Poverty," *Markets Globalization & Development Review*, 2(1), article 6.
Belk, R. W. (2010) "Sharing," *Journal of Consumer Research*, 36(5), 715–734.
Brown, S. (2001) "Torment Your Customers (They'll love it)," *Harvard Business Review*, 79(Oct.), 82–88.
Brown, S. (2002) "Vote, vote, vote for Philip Kotler," *European Journal of Marketing*, 36(3), 313–324.

Giesler, M. (2006) "Consumer Gift Systems," *Journal of Consumer Research*, 33(2), 283–290.
Kotler, P. & Levy, S (1971). "Demarketing, Yes, Demarketing," *Harvard Business Review*, 79(November-December), 74–80.
Kotler, P. (2020) "The Consumer in the Age of Coronavirus," *Journal of Creating Value*, 6(1), 12–15.
Harvey, D. (2005) *A Brief History of Neoliberalism*, Oxford Univ Press.（渡辺治監訳、森田成也・木下ちがや・大屋定晴・中村好孝訳『新自由主義：その歴史的展開と現在』作品社、二〇〇七年）
Levi-Strauss, C. (1950, 1987) *Introduction to the Work of Marcel Mauss*, Routledge.
Lyon, D. (2007) *Surveillance Studies: An Overview*, Cambrige: Polity.
Malinowski, B. (1922) *Argonauts of the Western Pacific*, Studies in Economics and Political Science, Kindle Edition.
Mathiesen, T. (1997) "The Viewer Society: Michel Foucault's 'Panopticon' Revisited," *Theoretical Criminology*, 1(2), 215–234.
Mauss, M. (1925) *The Gift: The Form and Reason for Exchange in Archaic Societies*, Routledge Classics, Kindle Edition.
岩野卓司（二〇一九）『贈与論——資本主義を突き抜けるための哲学』青土社。
鈴木智子（二〇一三）『イノベーションの普及における正当化とフレーミングの役割——「自分へのご褒美」消費の事例から』白桃書房。
橋本努（二〇二一）『消費ミニマリズムの倫理と脱資本主義の精神』筑摩書房。

間々田孝夫編(二〇一五)『消費社会の新潮流――ソーシャルな視点 リスクへの対応』立教大学出版会。

南知恵子(一九九八)『ギフト・マーケティング――儀礼的消費における象徴と互酬性』千倉書房。

水越康介

1978年生まれ．東京都立大学経済経営学部教授．神戸大学経営学部卒業，神戸大学大学院経営学研究科博士後期課程修了．博士(商学)．専門は市場戦略論(マーケティング論)，インターネット・マーケティング．2019年より現職．著書に『ソーシャルメディア・マーケティング』(日本経済新聞出版社)，『応援消費の謎——消費・寄付・ボランティア』(碩学舎)，『マーケティングをつかむ　新版』(共著，有斐閣)など．

応援消費——社会を動かす力　　岩波新書(新赤版)1934

2022年7月20日　第1刷発行

著　者　水越康介《みずこしこうすけ》

発行者　坂本政謙

発行所　株式会社 岩波書店
〒101-8002 東京都千代田区一ツ橋2-5-5
案内 03-5210-4000　営業部 03-5210-4111
https://www.iwanami.co.jp/

新書編集部 03-5210-4054
https://www.iwanami.co.jp/sin/

印刷・三陽社　カバー・半七印刷　製本・中永製本

ISBN 978-4-00-431934-4　　Printed in Japan

岩波新書新赤版一〇〇〇点に際して

ひとつの時代が終わったと言われて久しい。だが、その先にいかなる時代を展望するのか、私たちはその輪郭すら描きえていない。二〇世紀から持ち越した課題の多くは、未だ解決の緒を見つけることのできないままであり、二一世紀が新たに招きよせた問題も少なくない。グローバル資本主義の浸透、憎悪の連鎖、暴力の応酬――世界は混沌として深い不安の只中にある。

現代社会においては変化が常態となり、速さと新しさに絶対的な価値が与えられた。消費社会の深化と情報技術の革命は、種々の境界を無くし、人々の生活やコミュニケーションの様式を根底から変容させてきた。ライフスタイルは多様化し、一面では個人の生き方をそれぞれが選びとる時代が始まっている。同時に、新たな格差が生まれ、様々な次元での亀裂や分断が深まっている。社会や歴史に対する意識が揺らぎ、普遍的な理念に対する根本的な懐疑や、現実を変えることへの無力感がひそかに根を張りつつある。そして生きることに誰もが困難を覚える時代が到来している。

しかし、日常生活のそれぞれの場で、自由と民主主義を獲得し実践することを通じて、私たち自身がそうした閉塞を乗り超え、希望の時代の幕開けを告げてゆくことは不可能ではあるまい。そのために、いま求められていること――それは、個と個の間で開かれた対話を積み重ねながら、人間らしく生きることの条件について一人ひとりが粘り強く思考することではないか。その営みの糧となるものが、教養に外ならないと私たちは考える。歴史とは何か、よく生きるとはいかなることか、世界そして人間はどこへ向かうべきなのか――こうした根源的な問いとの格闘が、文化と知の厚みを作り出し、個人と社会を支える基盤としての教養となった。まさにそのような教養への道案内こそ、岩波新書が創刊以来、追求してきたことである。

岩波新書は、日中戦争下の一九三八年一一月に赤版として創刊された。創刊の辞は、道義の精神に則らない日本の行動を憂慮し、批判的精神と良心的行動の欠如を戒めつつ、現代人の現代的教養を刊行の目的とする、と謳っている。以後、青版、黄版、新赤版と装いを改めながら、合計二五〇〇点余りを世に問うてきた。そして、いままた新赤版が一〇〇〇点を迎えたのを機に、人間の理性と良心への信頼を再確認し、それに裏打ちされた文化を培っていく決意を込めて、新しい装丁のもとに再出発したいと思う。一冊一冊から吹き出す新風が一人でも多くの読者の許に届くこと、そして希望ある時代への想像力を豊かにかき立てることを切に願う。

（二〇〇六年四月）